好好存在

一位心理學家的療癒書寫。

汪淑媛——著

contents

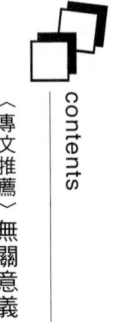

〈專文推薦〉

無關意義

王派桓

論年紀，汪淑媛比我還長幾歲。但不可思議的是，她竟然可以一直保存著二十幾歲的純真、纖細與好奇。有時候你覺得她幼稚得可笑，有時候你又羨慕她的沉穩寧靜；但不論幼稚或沉穩，她一直沒有停止對自我的探索、對他人的扶持。所以，她未必是個傳道授業解惑的明師，但一定是個真誠陪伴學生思考成長的益友。

而這本書就是一門存在主義思考實習工作坊的真實紀錄，即使冠以一個「心理衛生」的古怪名稱。學生和老師在這過程中對話並思考了自我意識與情緒的察覺、內在的衝突、生命與存在的意義、人在世間的姿態、與他人的關係、內在與外在的鬥爭等種種議題。可喜的是這位老師並沒有擺出「全知全能生命導師」的虛偽姿態，反而真實誠懇地承認自身存在思考的困境，並與學生一起摸索過去的經驗思維、探求可能的方向。

這樣的課程，與這樣的紀錄，對學生、對汪淑媛自己，一定都是重要的成長與啟發。而對於我們這些讀者來說，則是一場又一場的生命冒險之旅。

「你上一次思考『生命的意義』，是什麼時候的事情？或者，你上一次覺得『生命毫無意義』，是什麼時候？你還記得當年輾轉反側思考的那些，生命的種種難關困惑？為什麼你不再思考這些問題？難道那些問題都已經有了解答了嗎？是這些問題對你不再重要？還是你已經厭倦了思考與困惑？還是，就像他們說的，你老了？」

攤開汪淑媛的新書，隨手翻閱了目錄與幾篇內容。上面這一大串對自己的質疑與問題，馬上就砰砰砰跳出來，在五十歲來臨前夕，強迫我慢慢檢索在歲月之河的閃爍流光之中，遺落的思緒與眼淚。

三十年前，我和一位友人盤坐在台大學生活動中心的電影社社辦，交換著對生命的熱情、懷疑、失落與希望。我們倉倉皇皇地跌跌數年，直到有一天她決定為自己與他人的苦難劃下句點；而我從那一刻起背負了倖存者的原罪，決定了不管生命有沒有意義，不管生命有多麼困難，我都要賴活到老。然後我才發現：生命的存在，與我們對它的理解和態度，一、點、關、係、都、沒、有。你可以努力追尋生命的意義、並且辛苦地活著；你也可能在發現生命沒有意義之後放棄它；但是另一方面你也可以放棄追尋生命的意義卻永遠幸福快樂地活下去，或者在某個彰顯生命意義的情境下放棄生命。我一度以為決定生死的會是我們的意志與努力，現在卻瞭解對生命意義的探索、對自我的追求，只不過是我們嘗試為自己的生命與存在賦予意義與註解的動作，而這些意義或註解本身並不是生命與存在、也不影響生命與存在。

但我們卻常常淒淒惶惶地被自己的註解所逼迫，甚至難堪到想要終結一切。

大家常習慣說要「追尋自我」，彷彿「自我」是一個具有實相本質的實體，彷彿有重重面紗與阻礙讓你看不清「自我」。又有很多時候，我們感到內在有兩個互相矛盾衝突的聲音，覺得有另一個聲音在阻礙自我、或甚至不知道哪個才是真實的自我。

後來我終於瞭解為什麼即使是唯心（唯識）的佛家流派都覺得自我是「空」的。「自我」其實是個被建構的概念，只是一套語言的魔術。你的「自我」並不是你，而是你為自己寫的一套劇本、定義的一個角色，是所有所有「我應該」和「我希望」的疊合。你追逐了大半生的「自我」，原來只是一座海市蜃樓，只存在你迷濛的眼底。然而一旦看清楚自我的這種劇本定義本質，其實你就自由了一大半，不再為「追尋自我」或「迷失自我」而受苦，也從此瞭解了存在的「自由」與「選擇」：你可以選擇為自我定義不同的劇本，而你就是得要負責演出劇本的那個人。

生命，並非有某種特定的意義，所以值得你活。生命，是經由你決定怎麼活，才產生出意義。

自我，也不是某個埋藏的謎題，等待你去發掘。自我，恰恰需要你來寫劇本，並且做出選擇。

而人與世間的關係，就在你鋪陳這些意義與選擇的過程中，時時影響著你的思緒與選擇、也時時被你的選擇所決定。

以上這些，是我花了三十年為自己準備的劇本。於是在今天我可以好好好好地，存在。希望這本書也可以幫助讀者們好好寫一套，好好存在的劇本。

（本文作者為悠識使用者研究顧問、百喻研究室研究總監、資深UX研究專家）

〈專文推薦〉

與學生共學的實踐者

王增勇

當淑媛老師跟我說，她在課堂上跟學生一起書寫，我心底驚呼一聲，「這太棒了！」會讚嘆是因為淑媛老師這個舉動打破學生記筆記、寫心得、交報告的單向書寫，讓老師透過書寫跟學生一起成為一個真實生活的「人」。此時，浮上我眼前的景象是，柏拉圖記錄師生交談的《對話錄》以及孔子的《論語》，這兩千年前偉大教師的教學現場。對比現在的教學現場與柏拉圖和孔子的教學，我們就會發現教育的建制化讓師生都被鎖進「老師」與「學生」的角色中，而學習被侷限在「課本」，不再是每日的生活。在每日教學中，尋求解放，真實與學生相遇，是我跟淑媛老師共同追求的目標，也是我們在社工界中彼此惺惺相惜之處。

要從「教師」的祭壇上走下來，卻不是件容易的事。堅持規律的書寫，真實面對自己，展現自身的軟弱給學生看，這些都挑戰了內化在我們身上的教師「慣習」。淑媛身體力行用書寫「現身」，為「心理衛生」這門課找到新的可能，這本書就是這樣過程的忠實記錄。

以往，我們常說：身教重於言教，這句話意外地在淑媛的教學實踐中得到印證，她自己用書寫向學生示範了，自我書寫可以做為自我探索與療癒的途徑。我相信，這些經驗帶有生命的厚度，印刻在學生的靈性生命之上。

閱讀這本書，不僅忠實呈現淑媛老師與學生的對話，更激勵我們這些教育工作者，走下祭壇，成為真實生活的人。謝謝妳帶給我們的禮物！

（本文作者為國立政治大學社會工作研究所教授）

〈專文推薦〉

存在，即是人生

蘇絢慧

這人生，難嗎？

以我的人生經驗，有非常多的時刻，我確實覺得「實在太難」；做人難、賺錢難、工作難、實現自己的理想也很難。

可是，也有些時刻，我開始體會，人生是很簡單的。當我們的心，懂了不複雜；當我們的活力和熱情，是秉持著自己對人生的初衷；當我們可以明白，生命的喜悅，來自一份對自己存在的安心時……

然而，在我們尚未領會到對自己存在了然於心的安穩之前，我們必然要經歷許多現實問題的挑戰和歷練，也要從中體悟到「自己是誰？」、「為何存在？」、「自己的存在價值是什麼？」、「要成為什麼樣的一個人？」……等等人生的大疑問。

因為這現實生活世界的衝撞，會發生不少事與願違的情況，也會有許多無法控制的失落和挫敗發生，因此，個體承受的壓力和身心影響的差異，也必然影響他的人際關係，衝撞他的價值觀及各種人生選擇。

而這是許多成長中年輕學子們，困惑也感到焦慮的生存過程。但也不是只有年輕人會有這些困惑及焦慮，對活在現代快速、忙碌又容易迷失自我核心價值的世代，處於窮忙、瞎忙及無意義感不斷升起的社會人來說，也是逃避不了的存在焦慮。

我相信，對許多人來說，能活得好，好好活著，是內心所望卻又常感到無力的所在。因為，「活著」關係到和外界的許多互動及經驗，一個挫折、阻礙，或是一個突如其來的打擊，就讓我們原本不錯的心情，被打落至地獄的處境，感覺自己被黑暗和灰心覆蓋。這是現代人的心理困難，很想追求平穩，卻又時常感到環境有難以控制及駕馭的各種衝擊和變化。

我在心理的實務工作中，與社會上各種形形色色人工作，探討及陪同經驗在他們內心深處所不敢深掘的痛苦和傷痛。我的眼前這些男男女女，各種職業身份的人，都讓我深深的感觸到，他們心理都有著「難以放過自己的苛責和罪疚」，無法寬容自己，也鮮少肯定自己、認同自己，當然對於同理自己是什麼，有更多的迷惑。每每這種感觸升上我的心頭時，我都不禁回想過去三、四十年的台灣社會是處於什麼樣的文化中？有著什麼樣的社會氛圍？這個大環境如何影響著個體內在的小環境？

當我有榮幸先行閱讀汪淑媛教授的這一本新作，很快的就被書中的敘述吸引，不僅是從汪教授的真誠及坦然的自我書寫中受益，也從她和學生們在課堂中的真實生命交流及互動中，體會一場場的生命對話的精彩。

這本書的誕生，來自汪教授開設的「心理衛生」一門課的教學歷程。透過一些主題的思考，汪老師和學生們一同交換閱讀的過程，進行雙向的教學互動，也是身為師者，對學生內在所發生的學習歷程，所持有的一份尊重及同理。

我不禁羡慕起學生，能在人生的求學求知過程，有一位師長將其對生命的體悟，及所經歷過的存在議題，像是手持一盞燈火，引領著學生們探索及穿越這段徬徨、不安及未知的內在之旅，這是何等幸福的事。因為有導引者，也有伴同行，所有存在的艱難，及想要好好活著渴望，都有了自己好奇與探究所繪而成的一塊心靈拼圖。

我自己認為，人的存在歷程，並不在於追尋著對或錯的人生答案，而是盡情盡性的探索自己的人生可能。因為沒有標準答案，生命的存在才有各種可能性（這是相當有趣的地方）。而每一種可能，都有生命在其中所經驗到的自己，不論是已知的、未知的自己，都能讓我們更成為完整的一個人，如實通透了解自己的這一個人。

一個人，可以安穩的成為自己，也深刻的懂了自己，知道自己安身立命所在，也了解自己的選擇和起心動念的啟動為何，不論是慾望還是理想，都能和自己的慾力找到面對外界的平衡及善用之道，這足以是我們一生的學習，也是我們心理狀態的一趟修練。

或許此時的你，無法如學生一樣再回到校園，遇見生命的良師，但透過這一本書，你就有如透過汪淑媛教授的文字述說，來到學習的情境中，參與師生的對話，再一次思考你對人生的疑惑及思索。

而我相信，你會和我一樣，感覺到內心的充實和豐盛。

（本文作者為諮商心理師、璞成心理學堂創辦人、璞成心遇空間心理諮商所所長）

〈自序〉

找到屬於自己好好存在的方法

這本書來自選修「心理衛生」這門課的同學提問，以及我與學生之間的對話，我以文字回應同學問題，也進一步思考被學生撩起的困惑。這是一種新的教學嘗試。之前是要求學生寫學習心得，這幾年我開始與學生一起寫，彼此交換閱讀，師生權力關係較平等，也意外啟動了我個人心理衛生的探索。

人活世間，複雜糾葛，天災人禍與自身疾病不斷，生存不易。有學生在作業裡問我說：「老師，我喜歡我就讀的科系，也可以處理日常所需及工作，可是有時候心裡卻還是感到不開心？為什麼？」我坦白回學生寫說：「我也是，我每天總有一些時間會覺得無力、無能、沮喪、憂鬱、厭煩、生氣、悲傷等等……。life is difficult，活著並不容易，我們一起來研究為什麼，學習有什麼方法可以讓我們生活得更好。」

我一路摸索研究人的發展，能確定的是，擁有健康幸福的人生，絕不僅是靠運氣，更大部份是靠著「自我覺察」與「用心用力耕耘」而來。可惜，我們的學校教育很少有這樣的課程，少有安全的平台讓學生討論。我運氣還不錯，高中一年級時，學校有一堂生命倫理課，每週只有一小時，修女老師在課堂上播放光啟社製作的幻燈片「為什麼我不敢告訴你我是誰？」，四十年過去了，我隱約還記得一段幻燈片的旁白：

我不敢告訴你我是誰，因為真正的我只有一個，萬一我告訴你真正的我，但你卻不喜歡，那怎麼辦？……因為怕真實的自己被否定，所以就戴著面具，面具可以有很多個，不喜歡隨時都可以換……

這段話影響我深遠，從此之後我常注意觀察自己，是否戴著面具。但**我的問題好像更大，不是戴或不戴面具而已，而是不清楚真正的我是什麼模樣**。這種不確定、沒有具體自我定位的狀態，其實延續至今。當年，修女要我們畫一張自畫像，什麼圖案都可以，只要能代表自己，然後我們整學期就拿著自畫像與班上同學分享討論「我是誰」。

我還記得當時我畫的是一個太陽，原因好像我只會畫太陽，也或許我希望自己像太陽一樣有熱力、能被看見。究竟基於什麼原因我畫了太陽，已經記不得，很難還原十六歲時的感覺和思緒。不過，真正的答案是什麼已不重要，重要的是有人問我、有人願意聽我講我自己。這課程很短，不用讀書，只讀自己和讀同學的故事、夢想與想望的未來。以後直到博士畢業，都沒有再上過這樣的課。但短短一學期，每週一小時的課，我幾十年來不曾忘記。

大學與研究所，我分別主修社會學與心理學，入世未深的我，應該是對自己、對人、對整個人類社會有很深的好奇與惶恐，想多讀點書為未來做準備。不過，我就讀的科系幾乎沒有以自我知識、個人心理衛生，如何經營健康幸福人生等議題作為教學目標的課程。但有關不正常人格，或變態／病態心理學的課程倒是常見。當我研讀認知與人格發展理論的教科書時，感覺好像都在讀別人，與自己沒什麼關係。寫博士論文或之後持續寫的學術論文，「我」這個主體也幾乎在學術客觀性的規範下徹底隱藏起來，好像「我」就是代表主觀，見不得人，不得出場現身。

學校教育很少鼓勵學生研究自己、探索自己，更別談學習怎樣過好這一生。或許我們以為「好好活著」很簡單，這樣的課程很膚淺，不值得放在學校課程裡，或者天真地以為：只要有一技之長，努力工作，努力賺錢，人生自然會好。這是對存在的無知還是傲慢？

多數人都能快速察覺周圍的環境髒亂程度，但是對於抽象的心理衛生狀態比較不敏感，尤其是自己的狀態。看見別人的問題相對容易，畢竟我們的眼睛是往外看，耳朵往外聽，身體天生就長成這樣，用來感知外在世界的風吹草動。不過，人體內有心臟、肺、肝、胃、腸、腎、血液、大腦等數不清的器官與組織日以繼夜地工作，缺一不可，我們原本也看不見包覆在皮膚內的身體器官，但現在已經有儀器能讓我們清楚看見體內組織，也能檢測其健康狀態。那抽象的心理狀態呢？我們要怎樣檢測心理健康或不健康？如何維護保養？

心理衛生的教學工作，督促著我持續檢視自己，畢竟上課講述的內容若與真實的自己不一致，很難穩穩地站在講台上。而且，當自己內心糾葛、烏煙瘴氣時，也難有正向的能量影響學生。

我如何維持個人心理衛生？如何修復受傷的心？如何調整扭曲不適用的心理防衛機制？我的經驗對學生有用嗎？

大學教授角色是既有知識的傳聲筒，為大師代言，還是應該融入自己的見識，讓學生看見老師的所思所感？站在講台上十多年，我經常思索這些問題。我拋不開浩瀚的知識理論，也拋不開自己。

幾年前，有位學生在心理衛生課堂上問我：「老師，你如何成為今日的你？一直充滿熱情活力？」我覺得自己並非一直如此，有些心虛，學生看見的只是一部份的我，我應向學生坦誠更多元的自己，不要讓學生對我有迷思。但這個問題的答案很複雜，無法在課堂上說清楚，就試著用寫的來回答學生。沒想到這一寫，立刻與自己內在深層情緒與生命故事交會，而要誠實揭露，讓學生看見台下的自己是很不安的，我不知道去除了引經據典的學術包裝之後，還剩下什麼可以給學生？但我的好奇心勝過了擔心，竟然持續寫了幾年，而且寫出了勇氣，決定出版這些書寫。

雖然整本書來自**學生的提問**以及我當下的**個人心理衛生議題**，是自然有機地發展，並非一開始就定好主題按照預定計畫書寫的，但整理修改多次之後，卻發現了共同的焦點——我努力在台上說，下課寫，無非就是希望修課的學生，能關照自己的心理衛生，能好好地存在，因為人生美好。

對許多人而言，包括我自己，**能持續感受存在的美好並非易事。我們一方面得縫縫補補無可奈何的人生破洞，療傷止痛，一方面因應來自環境的侷限與持續不斷的挑戰。**人生的苦難從不止息，能存活至今，我覺得僥倖與感恩，但回想過去，仍心有餘悸。盼望這本書，能引發更多人重視自己的心理衛生，找到屬於自己的方法，安頓身心，好好存在。

熱情活力從何而來？

二〇一二年春，研究所「心理衛生專題」課堂上，同學問我：「老師，你如何能成為今日的你？」我不太清楚同學當下看見的我是什麼，於是反問同學：「今日的我是怎樣？」同學靜默想一下回說：「就是如何能一直保有對生命的熱情與活力？」我一方面暗自歡喜，至少我給學生的感覺是正向的，但另一方面又覺得事實好像也不完全如此，我脫口而出澄清：

你們看到的我，只是一個面向的我而已，不是全部的我。我無法一直保持此刻的狀態……

然後我說了更多更多，向學生解釋，他們看見的不是全部的我，就怕學生對我有錯誤的迷思。下課之後，那個用力澄清自己的畫面重複在腦海播放，揮之不去。感覺沒有好好地回答學生的問題，怎麼說都不是真正的答案，怎麼說都不全。不解自己為何如此支支吾吾？這問題就一直放在心裡，心想週末一到，我要好好讓自己從工作與人際中抽離，用寫的方式來思考這個問題。

顯然，我的真實生活並不像在講台時從容與有活力。每次上台都是充分準備，呈現的是最佳狀態的自己，教學是專業，敬業是倫理。教室外，我有心情很糟、身體很脆弱的時刻，只要一不小心沒吃對東西、沒睡好，一時無知或貪著，衝突、焦慮、內疚、嗔恨、抱怨、憂鬱、不安等等情緒都會蜂擁而上，**這些情緒像是落井下石的頑皮小孩，會趁人之危來亂**。

我努力描繪其他面向的自己，某種程度是希望同學不要崇拜我，不要羨慕我，面對生活的矛盾與情緒起伏，我與大家並無多大不同；同學看見台上熱情活力的我，僅是一部份的我，「我」的構成太複雜了。

不過，這位同學的問題中的前一句話：「我如何成為今日的我？」讓我想起一九八九年，在美國費城天普大學讀研究所時，必修課「人的發展」（Human Development）

的期中報告就是「你如何成為今日的你？」

我那次報告成績是A⁻，大概是等同小學甲下分數，成績普通。現在回想，我對當時的自己認識非常淺薄，不過在自我分析的過程，我看見自己因為許多因緣的促成，才有機會到美國求學，有機會寫這麼有趣的報告。我的「我」變多元了一些，因為很多人的努力，才有我的存在，我擁有的一切都不是屬於我一個人的。原來，回顧自己的生命歷程會改變視野，看見許多之前看不見的因緣以及相互交錯影響的關係。後來我從夢境認識自己，認識他人，更深切體會人的複雜難懂，神秘多變，要回答我如何成為今日的我，答案應該是無止境的。

愛是熱情活力的根源

課堂上，我先就同學關心的「熱情活力」來回應：當時認為「熱情活力」是來自對生命的愛。由於修課的同學都是社工專業研究生，我脫口說出：「若對案主沒有愛，社會工作可以不要做了。」結果，有位同學聽了很不舒服，反駁我說：

從大學到研究所，接受了七、八年的專業訓練，這是專業工作，是謀生的技能，對案主沒有愛，還是可以提供服務，符合了專業與工作的要求就好了，憑什麼要求社工員對案主要有愛？

這位研究生語氣很嗆，我好像踩到地雷了，也搞不清楚這位學生為何這樣生氣。

我認為社會工作是很特殊的職業，不只是幫案主申請補助、給錢、給資源、介紹工作、幫案主申請保護令等等例行的工作。社會工作的專業目的是希望每個人都能自主、有尊嚴、無恐懼地存在。若一個三餐不濟的人從冷漠沒有情感的工作者手中接到一粒包子，即使包子是熱的，吃起來的滋味還是很淒涼。此外，專業社工每天必須工作八、九個小時以上，這麼長的時間與人沒有情感交流，臉會變成什麼樣子？身體會怎樣？

我深信，愛不僅是社會工作的必要條件，是教育的必要條件，是活著的必要條件，是熱情活力的根源，也是改變自己與改變他人的力量泉源。

我們系辦外面走廊有一棵植物，它的葉片肥大，邊緣長了許多小幼苗，成熟了就會掉落下來，聽說這植物名就叫落地生根。只是，掉落的地面若沒有土，很快就死掉。我看到有些同學會將掉在磁磚上的幼苗，輕輕移到有土的空盆裡，希望幼苗能有機會長大。我回想自己從不間斷在找新教材、新的教學方法，可能一方面害怕自己乾枯成為嘮叨重複的機器老師，另一方面則是很想看到學生上課時，能睜大眼睛閃閃發光，像在黑夜裡，看著天上滿天星斗的觸動。學生上課時打瞌睡，目光無神，對我而言就像看到一朵枯萎的花，很是傷感。

我想我是熱愛生命的，我所謂的生，不只是一口氣活著，而且要活得好。努力要讓生命美好，我不忍生命凋零枯萎，或許也知曉生命終究會死亡結束，才更珍惜存在的時光，這大概是熱情活力的根源吧。

寫了這麼多，我清楚看見自己不認同學生的抗議，我努力為自己的價值辯護，堅持認為「愛」是生命熱情活力的源頭，不管會不會被學生評論是否八股、陳腔濫調。

然而，我在人的潛意識世界探訪多年，發現「愛」對許多人而言，是很奢侈的。當人在憤怒或厭惡時，這一刻心中是沒有愛的；評價自己很爛、很笨、很懶、很無能的時候，這時候對自己大概也沒有愛。愛的感覺不容易抓得住，周圍有一籮筐讓人不舒服的事，讓愛的感覺消失無蹤。成長過程，若沒有得到足夠的愛，沒有被愛滋養，**因為內化了他人對自己的疏離或敵意，不知不覺也對自己不友善，不能溫柔地愛自己。**

內在貧瘠匱乏，長大後要無條件愛人愛己是很困難的。但這些都是表層的防衛，

生命的核心仍是蘊藏著源源不絕的愛與熱力，只等著我們與這個核心連結。有很多人、事、物能喚起愛的感受，例如花草，大自然的美，完全無助的嬰兒、讓人愛不釋手的精緻藝術品、令人感動的故事、人物、美食、音樂，來自他人無條件的關懷、尊重、傾聽等等，都能讓愛升起。

將自己思緒整理一番之後，突然發現雖然愛是與他者連結的關鍵，但我們無法以權威的方式「命令」、「要求」人應該有愛、感受愛以及燃起熱情活力。我在課堂上說「若對案主沒有愛，就別當社工了」，這語氣太獨斷、說教，對某些處在低能量、很難感受到愛的人，我這番話缺乏同理心、讓人很不舒服。我熱情過頭燙到人了！

後記

這篇文稿要出版前，我寄電子檔給文中提出抗議的研究生，請他確認我的記憶是否正確，他已畢業多年，我們仍保持聯繫。

這位同學立刻回覆表達他的觀點，經過他的補充，讓本文的內容更完整，不但使我清楚我想法的不周延之處，更覺得他的想法因為多年的實務工作磨練之後更成熟，我徵求他的同意分享他寄給我的email。

還是要感謝老師的回應，其實現在若回憶起在課堂上還能讓我有些印象的，多數是心裡不舒服以致要努力思辨，或是有爭執的場景，對我來說，這是寶貴的經驗，算是自我探索與表達的練習，不討論怎麼知道自己的價值定位在哪，或是他人的價值為何？

老師熱情的散播理念，且容許學生有不同的聲音，就像洗三溫暖一樣，燙一點也無妨，洗完出過汗，反而全身清爽。

工作至今五年多，對我來說，接觸的案家形形色色，有些還真的很不可愛，但也有些生命……真的很努力，很讓人動容。

撇開專業技巧，我不否認我對家庭會有個人主觀的喜惡，但我覺得不管喜歡或討厭這個案家，我是否仍能提供適當的服務，不讓這個案家的權益有所增減，決定於我的自我覺察……即我有意識到我服務的過程中是否因個人喜惡而產生偏失，並隨時做出調整。

有愛的時候，工作是比較輕鬆的，覺得自己真的做了些不錯的助人服務。無愛的時候，工作是比較辛苦的，覺得為什麼要協助這樣的人，這是有效的嗎？

但我想我受的專業訓練是讓我不管在有愛或無愛時，都可以輸出對方需要的服務。

我的人生多元嗎？

我經常開車從國道六號高速公路進入埔里，看見沿途的山坡種滿了檳榔樹，其他不同類型的植物都被剷除，原本豐富多元的山林，只剩下可以快速賣錢的檳榔樹。我心裡想著，我們的人生不也如同種滿檳榔樹的山坡，每日的生活幾乎被養家餬口的工作全盤霸佔，整個社會也充滿類似的思維。很多年來，我自己不也是被學業、被工作填滿所有的存在？

台灣經過幾次的嚴重土石流災難，大家都已知道整座山只種檳榔是危險的，因為檳榔樹根淺，無法扎根抓住土壤，一旦有山洪易導致崩毀。而且，只種一種植物，土壤會快速貧瘠，或一有傳染疾病就全部死亡。山林應該有多元的植物共生共存，才能健康永續。

人生不也一樣？得多元均衡發展，存活率才會更高。不過，很明顯的，多數人的生活已經不是多元的，包括我自己。我開始有意識地要過多元生活，然而，維持均衡的生活並不容易，衝突不安總是一再發生。

有一個晚上，我早早上床，打著如意算盤隔天要五點起床，在上班之前能有三個小時打坐、運動、寫文章，做一些可以讓我平靜舒暢的事。結果，半夜三點醒來，尚待處理的一些系務工作湧入腦海就睡不著了。我們系有大學部、研究所與博士班，算是大系，我正輪值系主任，壓力頗大。而半夜睡不著很麻煩，白天上班得面對很多人會很難受，只好強迫自己繼續睡到五點，但是，我有乖乖聽話睡著嗎？並沒有。

大腦是很頑固的，越是強迫它，它越是抗拒，躺在床上逼著自己睡覺，反而更睡不著，拔河了一小時，到了四點，情緒上揚糟到極點。從煩躁、挫折、無力感到生氣，氣自己怎麼連身體累了想好好睡覺，這樣小的事都做不到？自責浪費了一小時，又擔心隔天睡眠不足，不知怎樣面對繁重的工作。我火大了，起床打坐，讓所有念頭慢慢放下，讓情緒也歸零。半個小時左右，心平靜下來了，大腦活動漸漸止息，不再阻止疲憊的身體休息，就開始打瞌睡而不是在打坐了。

我回到床上睡，很快睡著。這一睡，到了將近八點才起床，整個人還是疲累不堪，沒時間也沒力氣運動、寫作，因為早上必須到校上班。這一天我過得很糟，眼皮一直跳動，想做的事沒做，無名的焦慮感一直緊跟著。我很清楚睡眠重要，只是身體不聽大腦指令。半夜躺在床上睡不著，不但浪費寶貴的時間，後續的骨牌效應更可怕。寫到這裡，我看見自己對時間的計較，對於時間怎麼過，有很強的主觀標準，半夜該睡沒睡，覺得在浪費時間；打坐時胡思亂想，也是浪費時間；寫文章寫到鬼打牆時，也是浪費時間；教學或與人互動時，心不在焉也是浪費時間；看電視看到無聊，也是在浪費時間；東西找不到時、工作做到「勉強」的感覺時等等，這些都是浪費時間，**原來我這樣害怕空虛，害怕空白**。

怎樣的人生才不算是浪費時間？

運用時間的方式，反映了我想如何過生活，我對時間如此分秒必爭，這背後主宰的價值是什麼？怎樣的人生才不算是浪費？這是人生哲學問題或是心理衛生問題？也許都是。

當半夜醒來焦慮學校工作沒處理完而睡不著，睡眠不足，精神不好，思緒遲鈍，情緒燃點就會非常低，我有自覺地不要將自己情緒轉嫁到無辜的人身上，積極處理公務，直接面對問題，希望不要繼續被工作所困。那天，整日待在研究室工作，中午對著電腦吃泡麵，黃昏關了研究室電腦，又到系辦公室與招生宣傳影片的工作團隊，開會到晚上七點多。儘管工作一整天，心卻放鬆安定了，身體有點high，仍然活力充沛，那應該是完成工作後釋放出來的能量。

因為自己與工作之間的美好關係，因此也和學生分享：專注工作，把工作做好，不成為別人的負擔或麻煩製造者，自我感覺良好，這也是一種自我照顧。**工作效能是自我認同很重要的一部份，也是人際關係的基礎**。

然而，身體的疲憊有時是難以自主的，眼皮持續跳動，到了晚上，身體肌肉已經不自主抽動，雖然我照顧了工作，但我沒有好好照顧身體，以泡麵果腹，是勉強的一天。如果我中午能吃得健康營養一些，會議不要開到七點多，身體就不會那麼受苦了，我的失衡來自飲食疏忽與漠視疲憊的身體。

當天晚上回到家已經將近八點，不需外出上班的先生，悠閒地躺在沙發上看書，問我晚餐要吃什麼？我沒力氣想，沒力氣煮，也沒力氣計較男女不平等，家庭分工不均；職業婦女蠟燭兩頭燒的「自憐」念頭清楚地升起，但我身體飢餓疲憊的吶喊聲音更大。我很「務實理性」地邀請先生一起到鎮上一間有美麗花園庭院的素食餐廳，各自點了有機小火鍋，一直煮一直吃，直到吃甜點的時候，兩人才有笑容地交談。

從鎮上回到家已經快九點了，身體操勞一整天，但大腦還處在活動狀態，疲憊卻沒有睡意，我期待的「九點上床睡覺五點起床作息」又要破功了，夢想未實現之前，如同天上的星星，高不可攀。

既然無睡意，我客氣地問自己想做什麼？答案竟是寫被迫停了好幾天的論文。那是有關藝術與社會工作之間的關係，探討社會工作的本質是科學還是藝術。那篇論文像是成型的小樹苗，只要停滯幾天對它不理不睬，就開始擔心它會枯死或是被蟲吃光才剛長出的嫩葉。我打開電腦論文檔案，用手機播放了喜歡的鋼琴音樂消除身體的疲勞，不敢喝咖啡提神，晚上睡不著是惡夢；怕到了，這就是所謂的理性吧。

不知從何開始停滯的論文，只好從頭閱讀修改，修一個字或一個標點符號也好。在閱讀的過程，若覺得無聊無感的段落就刪除或重寫，這過程自然會產生新的想法，論文就會有新的進展。一旦進入狀況，專注忘我，就覺得很舒暢，而且會有發現道理的驚喜。一方面探索，一方面創造新的思想，覺得自己有生產的能力。**這種可以創造點什麼的感覺，會讓我覺得安全自在**，到哪裡都不怕，就像農夫可以生產出蔬果一樣。

晚上在電腦上修改了一個多小時論文，心情安定了，好像幫一株乾枯的植物澆一點水，過兩、三天沒照顧它也不至於枯死。沒多久身體已經鬆到眼皮自動要闔上了，一上床就睡著，一覺到天亮，醒來神清氣爽，眼皮的跳動已經消失，又安全度過一次危機。

錢的問題怎麼辦？

年少的時候，我問生命的意義，問人為何活著，到處問人，問老師，問同學，總覺得自己閱歷不足，學歷不高，先好好讀點書，把世界看個夠，去體驗很多事情才會懂得生命的意義，自然會找到存在的理由。或許因此我就讀的科系都與這有關，從社會學、教育心裡學，到發展心理學，都圍繞著「人的研究」。

我怕成為井底蛙，看到的世界就只是很狹窄的一角，擔憂自己孤陋寡聞，對無知不安，這樣的焦慮，直到中年才稍稍止息。我對人生的好奇與焦慮，或許無意識地投射給學生，當有人問我如何成為今日的我時，我大聲激勵同學說：「就趁著年輕時多看、多學、多體驗。」然後，也分享一些我在國外讀書的挑戰與興奮。然而，有位同學困惑皺眉地問說：**「老師，那錢呢？你怎麼有錢可以這樣？你不用工作嗎？你沒有現實生**

活問題嗎？」可能站在講台上講課的我，很投入陶醉，真的有點浪漫熱情，不食人間煙火，讓學生覺得很沒有真實感。

錢在生活中扮演很關鍵的角色，不是每個人都能坦然面對，也很難誠實看見自己對錢的重視。錢經常與俗、貪、腐、不公不義之事扯在一起，與人性的黑暗面高度連結；承認自己愛錢並不是什麼光榮的事，尤其是大學教授。為人師表的老師們總不太自在談錢的問題。在教室裡，我會鼓勵學生要有工作，不過我發現我說的是「經濟獨立」很重要，不會說「錢」很重要，在語言上還是優雅地繞個彎，避開「錢」這個字，我很少分享自己與錢的關係。當學生如此直白地問錢的問題，我也不知道我能坦誠到什麼程度。

和錢維持友好關係，別成為錢的奴隸

快五十歲時，才深度察覺自己與錢之間的糾葛，才勇於承認，原來我相當在意錢，很喜歡省錢，我自嘲患了「花錢恐懼症」，更精確地說，應該是怕浪費錢。如果衣服買了不穿，食物買了過期壞掉，不小心丟掉東西或現金，都會讓我心痛不已。我從小到大，是被母親「沒錢真艱苦」這一句話恐嚇長大的，她經常告訴我們沒足夠錢看醫生的酸苦恐慌；下雨時，鄰居連一把傘都不肯借的心寒故事。

因母親的身教，我自然地學習了精打細算，量入為出的能力。我害怕被錢綁住，不希望為了錢去讀不喜歡的科系，嫁給不喜歡的人，做不喜歡的事，住在不喜歡的地方，更害怕如媽媽所言生病沒錢看醫生，只要這幾項大原則能守住就好。雖然這些應該是基本需求與自由，其實也是很不容易堅持的。我必須與錢維持友好關係，別亂花錢，也別成為錢的奴隸，圍著錢團團轉。我沒有努力開源，沒有以賺錢為人生目標，但已經習慣省吃儉用，物質欲望低。

事實上，很多生命體驗並不需要花錢，如果是工作，甚至可以賺錢。**工作本身就提供很多新的刺激經驗，是深入體驗人、事、物，探索自己與磨練自己最好的機會**。一本好書，也可以懂很多事情，打開感官視野卻花不了幾塊錢，甚至免費到圖書館借、在書店讀。我學會一堆省錢的方法，也養成省錢的習慣。此外，我很早就對自己賺錢養活自己有信心，這源自高一暑假在鞋店打工賣鞋，我會觀察客人，幫客人挑適合的鞋，成功率蠻高，當時我並沒有任何行銷的專業知識或訓練。這半個月短暫的打工經驗，雖然也體會到社會的黑暗，當時一天工作十二小時工資六十元，時薪差不多五塊錢，被當童工剝削，但我確認了自己有賺錢的能力。

打工也幫我多認識自己，我發現店員工作必須一直重複說一樣的話、做一樣的事，短短半個月就覺得無聊，回學校唸書考試比較不覺得痛苦，也幫我刪除了某些職業。由於發現賺錢與學校教育好像沒有什麼相關，更堅定未來讀大學一定要讀自己有興趣的科系，沒必要將大學當作未來職業訓練所。

大學畢業那一刻很解放，終於不用當學生，不需要考試了。當時還沒有繼續讀碩士或博士的念頭，畢竟當了十六年的學生角色，沒停止的考試，聽老師說教，很厭煩了。但沒了學生身份，也沒有理由繼續伸手向父母拿錢。我急著要獨立，養活自己，也急著體驗「入社會」的滋味。

我畢業前一、兩個月，就開始找工作。雖然主修社會學本身沒有什麼就業市場，但我還沒畢業就找到工作。或許運氣不錯，也可能是我剛畢業對什麼事都覺得新鮮，沒有挑工作。我也知道父母的界線，他們的價值觀無法接受「吃飽閒閒沒事做」，不讀書就是要找事做，為了避免他們的叨念，為了自由，我必須工作養活自己。

第一份工作是東元電機的工廠輔導員，後來才知道是舍監工作升級版。原本只要高中學歷的工作，公司升級舍監學歷要求，限定要大學輔導相關科系畢業，職稱改為工廠輔導員，但工作地點仍然在宿舍管理室，二十四小時兩人輪班，上班時間非常長。除了輔導員工之外，宿舍裡大小事都要處理，還得辦活動，購買圖書；幫國中剛畢業的青少年作業員辦建教合作，安排職校老師夜間到工廠上課，協助青少年員工完成高職學歷。

或許一般大學生會鄙視舍監的工作，當時我並不很在意。因為進入一個從未見識過的世界，覺得新鮮刺激，**看著電子工廠生產線旁坐滿年少勞工，熟練快速地將電子零件插入所負責的小小區域，一整天就重複這些動作，一天工作十小時，我慢慢懂了馬克斯在想什麼**，理解什麼是人與自己的勞動過程、產品、甚至與自己疏離異化的現象。

不要因為省油錢而阻礙飛行

剛開始工作的那段時間，我戰戰兢兢，做得很起勁，但當環境熟悉適應了，就開始又有成為井底蛙的不安，對於世界的無知焦慮再度升起。東元電機的待遇福利都不錯，工作很有保障，更讓我害怕自己會安住於此不捨離去，也會失去繼續探索世界的勇氣。那時候的我，對社會仍有很深的好奇，仍想繼續多看、多體驗，工作快滿一年時，我還是決定離開，之後陸續換了幾個工作。

那個時代，留學歐美國家風氣很盛，申請到獎學金的機會也多，出國度假是奢侈消費反而稀少，與現在社會氛圍不同。剛畢業，沒有經濟基礎的人，根本沒什麼機會能出國。因此，我打著如意算盤，何不藉著讀書好好認識西方世界？於是，一邊工作存錢，一邊準備托福與GRE考試。托福是當時申請美國研究所必備的語言能力檢定，GRE則是申請研究所必要的智力檢定。在工作的第四年，我申請到美國幾所大學的碩士班入學許可，但沒有獲得任何獎助金。當一切都準備好後，才告知父母要出國讀書。母親除了震驚之外也反對說：「女孩子能讀到大學已經很不錯了，以前鄉下小孩，國小畢業就到工廠賺錢拿回家了。」我並不意外母親的反應，早有心理準備，知道錢在母親的人生裡的重要性，我完全能理解也是意料之中。但父親沉默，我無法知道父親的態度。

大學畢業後的四年我省吃儉用，牛肉麵、大魯麵、切魯味小菜都是奢侈品，只有特別打牙祭時才捨得吃。四年來的平均月薪約一萬兩千左右，我卻能存到三十三萬元，大概足夠在美國小城市的公立大學讀一年。我能記得這麼清楚，一定是很用力存錢。

有了一點經濟後盾，出國讀書的意志非常堅定，即使父母經濟不支持，我還是要去。打算一邊讀書一邊打工，錢用完了，再回來也沒關係。至少可以在美國待一年，體驗異國文化生活，擴展視野。沒想到，父母考慮了幾天之後告訴我，他們同意我出國讀研究所，而且要負擔所有費用。好多年後，姊姊告訴我，爸媽剛開始反對並不全是經濟因素，也擔心我的安全，他們沒去過美國，很難想像那是什麼樣的地方。我心裡其實也有些明白他們的擔心，但不敢說破。面對他們以經濟控制我的自由，我還能應付，但是面對他們的擔憂，我會無力……，其實我也害怕，飛到地球另一端，完全陌生的環境，我也不知道會發生什麼事。我們都不說破彼此的擔心，我只能更小心謹慎讓自己安全，讓他們放心。

無論如何，錢的問題的確經常是追求夢想的第一層阻礙，我克制物質欲望，少花錢，為了更大的自由，不要因為沒有油錢而阻礙了飛行。

我雖有夢想，但基本上還是理性務實，還是會怕自己失業潦倒，窮困無法生存。不知自己想做什麼、能做什麼時，相信有機會回學校多讀一點書，對未來就業與經濟獨立一定有幫助，無論讀什麼科系。除了學歷本身是社會重視之外，學歷的取得過程得經過重重關卡，學習知識與技能之外，還能訓練一個人因應問題與忍受挫折的能力，培養綜合性的邏輯推理及批判性思考，對未來賺錢還是有幫助的。

如我預期，讀完博士學位到大學教書至今十多年，教授的薪水足夠我過生活，而且很幸運，我一年比一年靠近我夢想的生活，選擇自己愛做的工作，一點一滴解放曾被錢深深制約困住的我。

為難自己，或是為難別人？

二〇一四年春，我在研究所又開了「心理衛生專題」這門課，很多學生想上這門課。研究所選修課人數上限是十五人，但現場有二十五位學生，我很頭痛，考慮要不要加簽。當大學老師的惡夢是課開不成、沒人修，但人多也有困擾，上課的討論氛圍會因為人數增多而受影響，得花更大的力氣帶動討論；同時我也擔心，系裡的其他選修課開課率會受影響。

先聽學生的想法才做決定吧！我心想。遇到兩難的問題，可以的話，最好先將問題懸置一段時間，先蒐集一些資料，沉澱一段時間再做決定。

只要是選修課，總想問學生為何要修這門課。我會先告訴學生，不要因為這門課不考試，好像很輕鬆才來修課，這樣的態度不但濫用老師對學生的尊重，而且讀到研究所了，仍然為了拿學分而工具性、投機性地讀書，是很悲哀的。**一個研究生若沒機會體驗到主動、興奮、好奇的學習滋味，這樣的教育不算教育**，這樣的大學也不配稱大學，僅是學位製造工廠。但是，要讓學習變得有趣、有活水，激起內在學習動機，學生與老師都有責任。

我討厭考試，或許是因為自己害怕被評量、被檢測、被評價、被說長論短，因此我也不喜歡評量學生，這是當老師的工作項目中最讓我抗拒的部份。考試能考出什麼？尤其心理衛生這樣的課，考滿分的學生心理會更衛生嗎？有能力協助別人嗎？我也不喜歡逼著學生讀教科書或是一段一段翻譯英文期刊，我曾經這樣做，很痛苦。讀書應是讓人興奮的，以老師的角色權力強迫學生讀書，學生痛苦，老師也會因為一次一次看到學生的空白課本，帶不動學生學習熱情而心升厭惡感，幾回交戰下來，臉會漸漸像馬一樣長。從挫折轉為厭煩生氣的老師，對學生或對周圍的人都不是福。羅洛．梅（Rollo May）指出：「教師的無力感越深，其影響力就越具毀滅性。」他認為**暴力與個人的無能、無力感高相關**，我要小心啊。

只是，我還沒有足夠的信心勇氣實踐我夢想的大學氛圍，大學老師的教學自主性越來越低了，而學生的自主性學習動機也不多見。學生評鑑，課綱內審、外審，該教什麼，怎麼教，有很多人一起監督，站在台上的老師必須考量四面八方的想法與期待，最後就是普普通通、四平八穩的「平均數」，也就是一般通用的教學方式最安全。要創新獨特的教學，就得準備冒風險，得有相當的課程準備與論述能力，迎接來自學生、來自同僚、來自校方、來自教育部的挑戰。

熱情，可以來自他人的信任和美好關係

開學的第一堂課，習慣先聽一輪學生修課動機，出乎意外，學生們相當坦率與開放，現場氣氛熱烈，有選到課的同學喜上眉梢，沒選到課的同學積極要說服我開放加簽。多數人對於自我探索很有興趣，也有不少人因為自己或周圍親人心理衛生有狀況，影響了身體健康、影響睡眠、或者體型巨大變化，希望能透過這門課解決當下問題。這讓我更傷腦筋了，我很想讓所有學生都進來，但不能全收。

在考慮要不要讓學生加簽時，不知為何我想起過去。我的成長過程是很焦慮的，因為讀書因緣，從鄉下不斷移動到小鎮、城市、大都會，繞過半個地球，最後落腳在完全陌生的紐約，一路飽受驚嚇。這過程，多數時候沒有他人的保護，自己得小心謹慎才能

安全過關。印象中，我的心總是有罣礙，總是有許多的不安害怕。

如果我讀大學或研究所時，有這樣的課程多好。

這一想已有定案，決定給更多學生機會，加簽學生到我能決定的上限，準備多收五位學生。因為仍有五位學生下次不能來上課，我一改第一堂課概念性地介紹教學大綱的習慣，直接上課，與學生分享我教心理衛生的一些發現，即使僅是一堂課，也會有一些收穫的。

唉，我熱血燃點果然低，看到一堆人想上這門課就激動起來。**原來人的熱情活力，也來自他者的期待與信任、來自與他人之間的美好關係。**

學生最後以抽籤的方式決定誰能修這門課，我不忍在旁看學生失望的臉，匆匆離開教室。就在踏出教室門口時聽到同學大聲驚叫，抽籤結果已經揭曉。那一刻，我心有點沉重，要怎樣上這門課，才不會辜負學生滿滿的期待，要怎樣上課會好玩又充實滿足，讓自己喜歡教學，學生喜歡上課？然而，我是不是對教學期待太高了，有多少人喜歡自己的工作？有多少學生會喜歡上課？我理想的大學氛圍會不會很烏托邦，是一個難以實現的夢想？

寫出創意，寫出希望

原本以十五人規畫的實作練習和教學設計，因為加簽到二十人而困難執行：靜坐內觀方法，教室太小，彼此間隔很擠，無法盤腿；帶領讀夢團體，人太多，難深入；第一念書寫，空間很窄，學生坐的距離很近，寫作會被干擾，不自然。若換個大教室，議題討論時，又難凝聚所有學生的注意力。我很煩惱要怎樣調整上課方式，才能讓同學實作體驗，而不僅是理論知識的認知。

我有點懊惱，心軟想要滿足學生的需求，結果是造成自己的困擾。如何平衡自己與他者需求，包括家人、朋友、學生、工作，不讓自己過度承擔，或者別讓自己的欲望驅使，例如想做這個，想做那個，想達到某個目標等而過度奴役身體，這是我很久以來的挑戰。原來上課對學生說的話，多數是自己的投射，說給自己聽的。

之後幾天，我一直想著怎樣調整上課方式，在還沒想出滿意的方法之前，大腦無法停止轉動，大腦經常取得權力控制我的存在。我無法像關掉電腦電源一樣簡單，命令大腦好好休息，不少同學在課堂上提出相同的困擾，表示他們的大腦無法停止思考，很疲累，我能感受大腦無法放鬆休息的沉重。

一整週，我每日生活有意無意，都在思考如何調整這門課的上課方式，但一直沒有答案，好像肩上背著一顆不算小的石頭，久久無法放下。到了上課前兩天，我的焦慮加深了，不得不中止進行中的論文研究，專心備課。這時，我總會懷疑自己是不是很無能！教書十二年了，一門自己還算熟悉的課，也得這樣提早備課，上課前的焦慮依然在。當大學教授並沒有很輕鬆，大腦經常懸著待解決的問題，全年無休。

身體與心理互相牽動

開學第一次上課之前，我已經在電腦裡新開一個檔案，取名「心理衛生教學筆記」，規劃上課流程以及想與同學分享的內容與討論議題，也隨意寫上課心得。當焦慮累積到一定程度時，我會以寫的方式直接面對，邊寫邊想思緒才不會一直打結，亂成一團。我開始回想上一週上課的場景，在鍵盤上快速敲打，欲罷不能。開學第一堂課，原本想偷懶一下，大約介紹課綱，然後提早下課，師生皆大歡喜。卻沒想到那天足足上課三小時，同學坦誠分享他們的處境，我也隨之分享與心理衛生領域碰觸的經驗。

有多位同學表示因身心有了問題才想來修這門課，如焦慮、憂鬱、失眠、體重急速上升、爆瘦、或情緒常失控等。我假設研究生的課業壓力大，忽略了自己身體，而影響了情緒狀態。例如身體疲累血糖太低，若還不能休息，不能補充養分，仍勉強繼續工作，反應就會遲鈍，記憶能力會嚴重倒退，這時候自我價值感也會隨之銳減，覺得自己笨拙、無能無力，各種不舒服的情緒立刻隨之而來。

小孩累或遇到挫折會哭，但成年人多數已經不會用哭去表達不舒服的感覺，會不自覺地轉化成負面想法，不但會對自己生氣，也會對別人生氣，因此提醒學生，**要快速覺察自己的體能狀態，讓身體適當放鬆、休息、補充營養，心理衛生自然會改善。**

「那老師，心理狀況不好，是不是也會影響身體？」在我機關槍似地快速開講、停下來喝口水時，同學似乎有不同的觀點，逮到時機舉手提問；我仍不是一個懂得留白的老師。

「那當然，你有沒有更具體的例子說明？」舉證會讓概念或理論更清晰，更有說服力。

學生想了一下，有點遲疑。我擔心學生想到自己或親人的狀況，但又不方便在這麼多人面前說，雖然我認為課堂討論很重要，但隱私與安全更重要，不能用團體壓力或老師權力讓學生為難，說出尚未準備公開的私事或想法。

我轉移焦點，邀請其他同學說明實例，同學此起彼落地回應，我喜歡這樣的上課氣氛。事實上，在心理衛生的文獻，隨處都可發現心理如何影響身體的研究報導。譬如佛洛依德本身是醫生，他發現有些身體病狀，像是歇斯底里症、胃痛、偏頭痛、呼吸困難、甚至腳癱瘓不能走路的病人，這些患者經過詳細的身體檢查，查不出具體病因。後來，他不預期地發現，當他與病人深入交談時，病人的症狀會減緩。他因而意外地發展出心理分析理論與談話治療（talking cure），也證實心理障礙的確會影響身體功能。後人也有很多研究發現，很多人在癌症病發之前一、兩年，多數經歷過重大創傷或壓力事件。身體與心理乃相互牽動，不可分離。

以書寫做為自我探索與療癒的途徑

開始將腦袋混亂的思緒打入電腦，轉化成文字後，緊繃的大腦就開始鬆了，上課前的焦慮隨之消失，而且覺得心安踏實，就在此刻，突然一個念頭閃入，我對課程調整有了具體方法：這學期要帶著二十位同學一起寫，不是在上課中體驗淺嘗而已，而是認真地以自己為研究觀察對象。我要邀請同學**以心理衛生這門課的現場為窗口，寫下所思、所感、所學。請同學好好注意自己，傾聽自己，照見自己，學習以書寫做為自我探索與療癒的途徑，以及藉此增強對他人的同理與理解能力**。學生在書寫過程，使用只有自己知道的筆名，不需要在課堂上公開，更不用讓老師知道。

以化名的方式書寫，可以開鑿出一些距離，避免掉入情緒煙霧，或像跳針般掉進認知循環。寫的人與被寫的雖然都是自己，但處在兩個不同的時空，可以轉換更多角度看自己。而且我不知道他們是誰，上課若引述同學的書寫內容討論，也比較能保護學生的隱私。學期間的書寫不列入成績評量，拿掉分數的制約，減少書寫被工具化的疑慮，更能激發內在學習動機。

決定陪著同學一起寫，交換閱讀上課的心得反思，是一個大工程。我寫的速度很慢，必定會耗掉大量時間，沒把握能持續。但我想給學生一個不一樣的學習經驗，也想給自己一個新的教學體驗——之前沒這樣做過。

創新會讓人興奮、期待、好奇。喔！這又是另一種熱情活力的來源，學生問我如何成為今日的我這個問題，已經成為我的一個研究問題，在腦海裡滯留不去，好像是在美國讀研究所時的期中報告的延續，我又有當學生的感覺了。我開始期待上課，期待閱讀學生的書寫，好奇自己會寫出什麼，好奇學生讀了我的書寫之後的反應。

或許這個計畫會影響我正在書寫的論文，也可能因為「必須」寫，未來會產生新的壓力與焦慮，甚至抗拒，但還是決定冒險，無論結果如何，至少，之前的壓力焦慮已逐漸化為好奇與希望，這一刻，教學又變得刺激有挑戰，我得聚精會神全力以赴。

親身體驗，才能同理他人的難處

第二堂課一開始，我興奮地告訴學生，這學期的課程實作焦點之一是要練習觀察自己、研究自己、寫自己。場景從課堂上的思維感受出發，觀察自己上課的思緒，分析自己為何會出現這些感覺想法。腦海裡浮現什麼就寫什麼，盡量地真實、誠實，讓自己自由，不要在意是不是符合邏輯，對與錯，好與壞，帶著一點距離，可以看見多一點自己，即使是心不在焉，上課無感，也去找找當時的自己在哪裡。

同學開始竊竊私語，有人舉手問說：「原本課綱的上課心得要交五篇，現在要每週交嗎？」我當場回答說：「盡量，先試試看，有問題再說。」

我興致沖沖，只覺得這是很棒的計畫，以本身為研究對象，不用賣弄知識，也不用講大道理，只要真實地面對自己，寫這樣的作業是很享受，很愉快的，每週寫一頁，一千字左右，應該輕鬆容易。而且我覺得我蠻講義氣，要陪學生一起寫，一起交換讀，不像一邊坐在電視機前看電視，一邊又要求小孩讀書的父母。我以身作則，與學生平起平坐，一起讀書、一起寫心得、一起學心理衛生，沒多想學生是否有難處，也沒懷疑自己有沒有能力做到。

我好像經常這樣，總改不了自以為是又衝動的性格，忘了從小到大有很多計畫，很多想做的事，但許多計畫起了頭之後就無疾而終，現在就已有好幾個被擱置的書寫計畫，資料蒐集一堆了，也開始了一些就被打斷了，好像胃裡無法消化的食物，隱隱作痛發酵，難道即將又要加一筆？

書寫，沒有我想像中的簡單！

果然，我沒幾天就嘗到苦果。為了帶頭示範，我積極投入，週二下課後開始一有空就奮力擊鍵，打了五、六千字，寄給同學分享。結果，一到週末，懶洋洋，想要回頭繼續之前的書寫與研究論文，已經沒力了。這才驚覺這篇教學心得作業，吃掉了整週的寫作能量，尤其心理衛生這門課已經教了很多年，對這個議題有很多想法，一寫就入迷。

我開始焦慮了，若這樣持續一學期，其他的書寫都得晾在一旁，也會中斷進行中的研究。我又面臨寫的三叉路口，究竟該往哪個方向走？

就在此刻，才想到修課的研究生，許多人都正在寫研究論文，他們會面臨與我一樣的難處，無法同時腳踏兩條船。腦海不禁浮現學生在台下竊竊私語、憂心忡忡的景象，原本覺得他們短視，斤斤計較作業的篇數，我自己實作之後才覺得他們的擔心很合理，他們有著最現實的時間焦慮。

書寫好比學游泳，要嗆水多次，喝幾口髒水，才終於能漂浮在水面上。之後要學換氣也是另一個大難關，無法順利換氣就會慌張氣喘如牛，這時游泳一點也不快樂，而且還很挫折。同樣的道理，要讓學生以書寫的方式讓自己更清明覺察、心理更衛生，這談何容易？若是私下自己隨意寫寫也就罷了，但這是要給教授閱讀的，教授會怎樣評價？這怎麼會輕鬆？我開始同理學生的處境。

同樣的，這對我也是一樣很挑戰。平時寫日記沒有負擔，因為沒有任何讀者，沒有被評價的壓力，但現在要公開給二十位研究生閱讀，自己能對學生誠實到什麼程度？會不會因為自曝短處或黑暗面，而失去了學生的尊敬與信任，帶不動學生的學習熱情？我似乎天真到有點無知。但，**若不是冒險親身體驗，感受到寫的困難與矛盾，我可能也**

看不見那天學生們困惑的臉，看不見學生隱約的焦慮與處境。

雖然覺得沉重與焦慮，我還不想妥協投降，承諾就是承諾，不到最後關頭絕不輕易食言。只是，我不得不認真思考，如何讓這個書寫計畫，不但不會吃掉學生與自己寫論文的能量，而且還能幫助學生更能面對日常生活挑戰，甚至協助他們論文書寫更順利？一時之間，我沒有答案，僅能邊做邊調整。同時也安慰自己，這個教學方式若不成功，至少已經播了種，雖然可能因為土壤不豐，雨水不足，陽光不照，被蟲吃掉而無法發芽，但播了種才有機會，總有幾粒種子會發芽，當農夫就要有種子不發芽的瀟灑。

老師，你今天心情好像很好！

寒假期間，閱讀簡媜的一篇散文「風中白楊樹」，很精彩。剛好我在找材料帶領這學期系上「師生共讀」活動。心想，三月暨大校園風鈴花盛開，與簡媜筆下的秋天白楊樹一樣燦爛金黃，一樣綠葉掉落精光一片不掛，何不邀請老師同學們一起賞風鈴花，閱讀簡媜詩寫白楊樹。

當天陽光甚好，八位師生在人文學院大草原旁午餐，一邊欣賞眼前春天的風鈴花，一邊從簡媜的文字裡探望北美洛磯山脈旁的秋天白楊樹。只有四小頁的短文，師生自發地此起彼落接續朗讀，分享彼此觸動，如詩如畫，不分男女、老少、大學生、研究生、教授，通通被簡媜的文字一網打盡，文學的滲透力真強！走筆到文末，簡媜豪邁寫說：

一世總要堅定地守住一個承諾，一生總要勇敢地唾棄一個江湖。

哇！現場一陣驚呼，抬頭相望交換目光，各有所思，有人眼裡泛著淚光。我第一次讀到此，闔上書本，無法繼續……

作家如此壯烈激昂，隱約刺到我內心底層的傷口，思緒飄入遙遠的時空。回首前塵，我是揚棄了不少江湖，我不是「唾棄」，這個動詞太重，我是揚長離去，卻總又思念每一段過去。只是，無法確定的是，我曾守住了哪個承諾？

這一問，很茫然，好像電腦被下了一個指令，程式突然錯亂，無法回應，一直在轉圈圈。問了許久，腦海浮現的都是曾經無法信守的承諾、遺棄過的夢想。

再讀「風中白楊樹」時，陪著學生書寫的節奏感已中斷，儘管思緒如雪花紛飛，但學校工作隨著學期邁入期中而加重，沒有足夠的時間寫，我的心又開始騷動不安，再次食言的焦慮逐漸升起。

第四週上課的前一天晚上，我進入備課狀態，很好奇學生寫些什麼，一篇一篇讀，驚喜學生有反應了，有人寫了比預期多，我算了厚厚一疊A4紙，共三十八頁，感覺是學生送我的三八節禮物。之前灑下的種子，已經有好幾顆發芽了，滿心歡喜，真好，工作與愛做的事再度完美結合。我有了強烈動力，準備隔天一早起床，用最寶貴的清晨時間，寫下閱讀學生報告的心得，下午可以優雅從容，以最好的姿態去上課。

從天堂掉到地獄

這一天，我睡得好，起得早，因為要攤開學生作業，一一給交了作業的學生寫回應。我將筆電從書房移到客廳的大餐桌，打開檔案，啜一口熱咖啡，雙手開始懸在電腦鍵面，愉悅打字一、兩小時，思緒沒中斷，我體驗心流舒暢的滋味，一切美好。

突然，螢幕浮標不動了，電腦螢幕鎖住，我怎樣敲打鍵盤或移動滑鼠，都沒有反應。等了好幾分鐘，開始急了，再等下去，感覺就會不見了。我想重新開機，但沒有印象之前有按存檔指令，不敢隨便動手。又等了好幾分鐘，等不及了，好像記得電腦會自動恢復檔案，就決定冒險重開機。結果，檔案不見了……，在一連串慌亂急救無效之後，剎那間，我從天堂掉到地獄，不但所有的思緒都被嚇跑了，早上那兩小時的書寫也不見了。

我心痛，好像整個早晨都浪費掉了，而且好不容易捕捉到的感覺又化為烏有，超級挫折。我很惱怒，但沒有怒的對象，不能對電腦生氣，電腦不會理我的，能生氣、能討厭的就只有自己，怪自己怎麼沒有常儲存，為何要關掉自動存檔設定，使用電腦能力為何這樣爛。

這一折騰一兩小時過去了，慌、痛、悲、怒，書寫中斷了，對學生的承諾也得繼續懸宕，一時間缺氧窒息難耐，無處申冤哭訴，不知如何是好。我無奈蓋上筆電，離開餐桌，走到宿舍後院菜園拔草。

去年春天在後院種十幾株草莓，然而草莓種不到一個月，我在宿舍拖地時，不小心在濕滑的地磚上跌倒骨折，坐輪椅拿枴杖三個多月，無法爬宿舍樓梯，不得不住在台中的電梯公寓。緊接著暑假又在紐約住一個多月，這批草莓大半時間必須自力更生，靠雨露過活，多次被雜草淹沒。

暑假結束，從紐約回到宿舍，我不敢期待草莓仍活著，卻驚訝發現還有殘存的草莓與雜草並存。從此，我對草莓充滿敬意，完全顛覆之前草莓嬌貴脆弱的刻板印象。清晨時分，經常趁著書寫空檔，端著咖啡到後院放鬆，就隨意幫草莓拔除幾株比較茂盛高大的草，留下一些嫩草，讓草莓有競爭對手。今年草莓花開不斷，入春之後大小果實此起彼落，有生以來第一次吃到自種的草莓。兒時讀西方童話故事裡經常出現的野地採草莓場景，夢幻般的遙遠他鄉樂園，中年時竟然就在家裡後院。

拔了幾棵草，順手摘了數粒鮮紅草莓，看了時間，糟糕，餐桌上還有三篇昨晚睡前印好的研究生論文計畫等著閱讀。下午上完心理衛生課就要與研究生討論，沒有時間難過悲傷，也沒有力氣繼續自我鞭撻，我必須重新整裝，不要讓期待上課的學生撲空，不要讓研究生一臉茫然。早晨電腦當機失去檔案，只能認賠，止住失落下滑的情緒。**有些東西就是無法重來、無法複製，走了就是走了，繼續緊緊咬住，殊不知嘴裡剩下的只是吞不下去的骨頭或魚刺**，萬一哽到喉嚨就不是不可控制的意外，而是自作孽了。

做喜歡的事，沒有一秒是浪費的

認了，不再不捨，我才能回頭問自己，打了兩小時的字都不見了，船過水無痕，時間這樣地流失，是浪費嗎？那一兩頁的文字象徵什麼？**生命的價值要一再用看得見的「擁有」去評斷嗎？**我用掉無數時間寫了一、二十年的日記，每年將日記印出來，裝訂成冊，但一年一年過去，也幾乎沒回頭讀過用過。這樣大把大把時間，做沒有「成果」的事，是浪費嗎？

回想這一天清晨是睡好開心地起床，因為有很想做的事等著，所以沒賴床。清晨的那一、兩小時，心情平靜愉悅地在寫信給學生，對學生、對教育有希望感，對自己的工作感恩。工作中的自己與真實的自己一致，如其我是，這不就是一直想要的存在狀態嗎？這樣地生命過程，不就是美好人生？

就像練習樂器一樣，要練習千百小時，才能奏出美妙和諧樂音。書寫也一樣，必須日復一日，深鑿許久，才能挖到心靈活水。然後，又要打造很多通道，很多人的投入協助，才能將活水引出靈魂深處與人分享。帶人讀夢探索潛意識這麼久，寫了這麼多無人閱讀的日記，我怎會不懂。**一個人若能做喜歡的事，沒有一秒是浪費的，有尊嚴的生命，大概也是如此。**那，我這個早上在急功好利什麼？要讓這一點點的失落，將自己打入地獄？原來我也經常被不理性的認知偏執困住，矇住雙眼，綁架我的存在。

到了中午時分，我已經讀完研究生論文進度，洗頭、泡澡，放鬆繃緊的細胞，將及肩直髮吹乾吹鬆，套上灰藍兩色相間的寬鬆輕薄毛衣與泛白藍色牛仔褲。我看一下穿衣鏡，這條牛仔褲已經穿十幾年了，心安有成就感，至少對這條牛仔褲，已經守住很多年的承諾。

看到鏡中的自己，腦海又出現了許多念頭，一耽擱上課要遲到了，快速換上平底涼鞋，衝出宿舍大門，跑向庭院開車，沒想到眼前壯觀的景色讓我停下腳步，止住腦袋所有念頭。門口群聚的六、七棵巨大風鈴木同時盛開，昨夜一陣春雨，花落滿地，但樹上仍留著飽滿鮮黃的花，陽光灑在沾滿雨珠的金黃花瓣上，天空湛藍純淨，沒有一朵白雲，地面與天上，同時閃爍金光，這樣的天光美色迎接我出門，我感動不已。

從宿舍開車到教室只要三分鐘，打開四面車窗，風裡夾著校園春天樹林草原氣息，我深深吸一口氣，準備迎接學生的臉。走入人文學院大樓，撞見認識的學生，在電梯口擦身而過，學生除了禮貌地問候一聲「老師好」，竟然還加一句：「老師，你今天心情好像很好！」我笑一笑用力點頭，心裡很想對著學生說：「你大概猜不到，我才從地獄歸來，然後又去了一趟天堂！」但我沒說出口，這怎說得清楚。

辛辣的太陽花學運

二〇一四年三月十九日週三上午八點，我有大學部的課，一位學生缺席。同學說這位沒來上課的學生是因為「氣不過」，半夜從埔里趕到台北支持反服貿抗議。剛聽到ㄈㄨˊㄇㄠˋ兩字，我一愣，沒聽過這個名詞，問學生：「哪個ㄈㄨˊ？哪個ㄇㄠˋ？」，學生大聲齊說：「服務的服，貿易的貿。」他們的高音量好像在告訴我「拜託，老師你怎麼這麼沒常識」，我也沒當一回事，繼續上課。我對「新聞常識」已經沒什麼興趣，有很長一段時間不看電視節目、不訂報紙。覺得自己與政治權力距離相當遙遠，即使擔憂或不滿，也不能做什麼。我專注工作，在參與公共事務上我消極被動，事實上，也沒有多餘的時間與能量。

大學教授除了上課，要應付蜂擁而來的課程評鑑、系所評鑑、研究倫理監督審查，有各種「委員會」、「審查機制」在監控教授的工作，我們必須不斷地整理，定期向「匿名」的委員們報告做了些什麼，解釋為何這樣做、那樣做，證明我們的「績效」。學期間，每週都是備戰狀態，清晨七點多出門，晚上回到宿舍也是將近七點，繼續讀學生作業，準備隔天工作。備課、讀學生報告、上課、開會，研究論文督導與口試，幾乎7-11不打烊，我手上工作滿檔，沒有一絲念頭想打開電視。

黑箱作業的服貿協議

但是，週三晚上，我忍不住好奇，腦裡也抹不掉學生聽到我不知道服貿事件的驚訝表情，決定暫時放下工作，打開電視。

天啊！螢幕上出現大批學生佔據立法院現場，我震撼不已。這是台灣第一次立法院被佔領，學生強行佔據最高立法機構，與國家權力機制直接對峙，這運動非常辛辣。當下覺得事態嚴重，全身細胞拉警報，不知會發生什麼不堪的後果。我經歷過台灣戒嚴時期，經歷過言論不自由的恐怖肅殺時代，非常害怕極權政府復活，我絕對不願意看見台灣再一次進入軍事戒嚴，再一次威權統治。

上網搜尋新聞，綜合原因是政府刻意不公開服貿訊息，欲強渡關山，引發學生強烈不滿。學生怎知這些訊息？如何動員的？我突然有點慚愧，自己與大環境脫節，感慨終日埋首在自己小小的世界裡，回想下午有個很長的會議，是與同事討論如何因應系所評鑑，我們已經討論過無數次，可能很多大學老師也都與我們一樣，正在埋頭苦思如何鉅細靡遺舉證，讓教育部請來的大學評鑑委員能看見與肯定系所的辦學成效。大學教授逐步被監控、不被信任，必須找資料證明自己，球員當裁判，然而這樣的由上而下控管，對高等教育的發展好嗎？

《動機》的作者丹尼爾．品克（Daniel Pink）引述愛德華．德奇（Edward Deci）的研究，證明人類天生就有追求新奇與挑戰、鍛鍊自己能力、主動探索與學習的傾向。我發現德奇的研究與完形心理學的學習理論概念一致，工作的成就感以及意義感本身就是行為的驅力，也與齊克森米哈賴（Mihaly Csikszentmihalyi）的「心流理論」（Flow）雷同，**自發的內在動機，也就是工作的獎賞來自「心流經驗」，而非外在的獎賞。心流經驗是出現在我們真正喜歡做的事情上，會讓人注意力集中、入神、內在清晰明朗，知道自己該做些什麼，知道怎麼做，忘了自己，不擔憂自己，時間感消失**。品克引用許多研究證明獎懲、監控、行為制約理論，這類型的管理方式表面上有快速成效，但卻會有更毀滅性的負面作用，包括削弱工作的主體性，毀損工作樂趣與意義感，熄滅內在動機，扼殺創意，讓人失去熱情與活力，特別是需要創意的工作。我雖然擔憂現今大學評鑑制度可能會傷害高等教育，但也只是擔憂，並沒有具體行動反制，還為了生存、為了系所「榮譽」，而盡力準備通過評鑑指標。

學生持續佔據立法院，立法院外面有更多的學生與民眾守候隨時支援，整個台灣好像處在巨大壓力鍋。我憂心學生安危，憂心台灣民主自由倒退，想呼籲政府莫以武力面對學生，卻不知道能做些什麼，忍不住在臉書寫幾個字：

此刻的台灣是華人歷史上可以說真話的難得時代，可以理性地討論與思辯，找出有智慧的政治運作方式，是很多前輩努力爭取來的開放社會，讓比較多的人可以做自己的地方，是我引以為傲的台灣之美，這才是真正的台灣奇蹟，千萬不要毀在我們這一代。

人不能說真話，很容易生病的，因為能量不滅定律，被壓抑的能量會非理性地亂竄，身體會亂長東西，心理會變形扭曲，精神會錯亂難以統整，周圍無辜的人都會被這股壓抑的能量掃射受傷，再多錢也無法治療不能說真話的內傷與對他人的傷害！保護台灣，是保護可以說真話的自己，保護一個理性、良善、有笑容的社會。

在臉書分享這兩段話後，心情好些，也不管多少人會讀，好像這是此刻我唯一能做的事。我關心的是**台灣如何持續往開放、理性、安全、良善的社會發展，有適當機制與包容力調和彼此的差異，別讓壓迫與暴力合法存在，讓人活在恐懼中。**

這學運打亂了我的日常生活，所有例行書寫中斷。從週三晚上打開電視開始，就無法像平常一樣在書桌前安穩地坐著。隔日一早，我心情凝重，開始清洗學校宿舍的床單、被套、床罩，大小地墊，掃地、拖地，大掃除，這些平時會抗拒、一拖再拖延，讓我非常無力的家庭清理工作，我毫無困難地快速處理，這才發現原來我也會做家事。在學校教師宿舍的洗衣間遇到一位男同事，他看著我提兩大籃滿滿的衣物，立刻伸手要幫忙，我婉謝。洗衣籃的確很重，但這天早上突然覺得自己力氣很大，急著清除家裡的污塵穢物，一方面覺得身體的勞動可以稍微緩和緊繃的情緒，一方面希望住的空間乾淨有秩序，我需要專注，在不知道能做什麼之前，先減少周圍多餘的干擾。暨大春天清晨夢幻般的薄霧，遠山日出，宿舍後院的草莓蕃茄園，前院的花紅葉綠，這些讓我每天一早醒來驚喜的小確幸，已無法讓我平靜放鬆。我擔心學生，擔心台灣民主，擔心已經自由開放的社會又再度封閉。

生命，可以承受多大的壓力？

有學生在上課時，分享魏德聖導演的《KANO》的對白，說要讓木瓜長得好，結實纍纍，就得給木瓜壓力，在其根部釘入鐵釘刺激，讓木瓜覺得自己快死了，而奮力死裡求生，激發最高潛能。這理論讓我很不舒服，為木瓜感到悲傷，覺得人類很殘忍。我知道適當的壓力的確會長出力量，為了活下去必須更努力，這是生存法則，就像豆芽菜要長得肥大，上面要有點重量壓著。

但這樣的理論用於人類時，會有多少反作用、多少不堪的後果？所有生命承受過大壓力，可能會死亡或扭曲變形，但人不是無法快速移動的植物，一個人就能產生巨大毀滅力量，當人因被壓迫而認知扭曲與情緒偏執，會因被壓迫而激發強大的反擊力，人類歷史數不清的毀滅性戰爭就是鐵一般的證據。因此，我擔憂僵持不下的「佔領立法院」，學生能撐多久？政府能否沉得住氣？台灣社會能理性地因應這次衝突嗎？我不敢掉以輕心。

事實上，《KANO》電影裡的木瓜種植實驗，還有一個更值得注意的發現，有一棵木瓜，根部沒有釘鐵釘，雖然第一年沒有長得與周圍有被釘鐵釘的木瓜一樣好，但第二年就長得一樣大了，證明木瓜會被周圍的同伴影響，也許是激勵，也許是競爭，因此，我覺得無論是家庭教育、學校教育或政治，不應採取殘忍的高壓。人一旦因外在壓迫而扭曲變形，是非常難以復原；**一個不安的人，對周圍環境具有破壞力，整體社會將付出不可計量的代價**。我祈禱，學運不要演變成暴力衝突，誘出人民非理性的暴力，誘出更可怕的國家武力鎮壓。

學運的第五天，終於有一整天自由時間，從臉書知道週末有很多學生聚在台中市民廣場抗議，我週末都住在台中，一早處理好必要工作，閱讀學運相關訊息，就走路前往年輕人最愛聚集的市民廣場。才走到廣場的南邊外圍，人已滿滿，然而，現場一點也不緊張，反而像是嘉年華會一樣歡愉。被照顧好好的大小寵物狗四處奔跑玩耍；純白的兔子快速在草地上跳躍，後面有米格魯追趕著；一隻大型金黃長毛牧羊犬背上貼著大標語：「為了下一代，反黑箱服貿」；許多人各自帶著小音響放音樂跳街舞，身上也貼著反服貿標語。年輕人自信自在，與我想像中社會運動的激情悲憤完全不同。

不遠處有一大圈人圍站著，我走近，從人群縫隙探看，裡面有很多靜坐的年輕人，大家都安靜專注地聽一位拿著麥克風的女孩輕輕說話，分享她對服貿的瞭解及為何反服貿。女孩下台後，群眾自發地擊掌叫好，然後又有人舉手發言，繼續闡述他們的心聲，沒有叫囂、沒有吶喊，就像在大學上課討論一樣，一點也不像傳統煽情的街頭運動。

充滿生機、活力的傳統菜市場

我很感動，這麼多人坐在草地上安靜地傾聽，相互對話，人人可以在這裡說出自己的想法，自己的感受，像是戶外的大學教室，這場景讓我覺得幸福光榮。而一方面也焦慮，這種社會氛圍能存在多久？無論是台灣或世界各地，人權一次又一次被強權暴力蹂躪踐踏的事件屢見不鮮，要有什麼樣的智慧，才能讓多數人有尊嚴地生存著？長期被社會學與心理學影響的我，對於權力爭奪以及人性陰暗面有著無力與悲觀。我的念頭才閃過，下一個上場發言的是一位來自馬來西亞的學生，他的發言讓我嚇一跳，他說：

我非常羨慕你們台灣，你們此刻可以聚在這裡表達你們對政府的想法，這樣的事情，在馬來西亞是不可能發生的。

怎麼這麼巧，他說出了我心裡正在想的事。雖然台灣這幾年的經濟奇蹟已慢慢褪色，但是台灣社會的開放與民主，多數人都能得到醫療照顧，言論自由，敢說真心話，良善的人民，弱勢者能得到福利照顧，興盛的民間社福機構，這些都是比經濟奇蹟更偉大的奇蹟。然而，我們能守多久？

從台中市民廣場離開時天色已黑，回家的路上，走入燈火通明、人潮鼎沸的向上市場。我習慣每週日早上騎腳踏車到向上市場，買剛從產地來的新鮮蔬果，順便逛稀奇古怪的衣物、日用品。傳統菜市場小販，不論賣多賣少，個個活力充沛，叫鬧喧囂，大家都是獨立的個體戶，展開鬥智，專注自主地與顧客談判，討價還價，人與人緊密連結，這裡沒有獨斷的財團，冷漠無情的科層制。有不少自己種菜、自己編手工品、或批些東西來賣的阿公阿婆，身手都很矯健，老人社會福利工作者應該到傳統菜市場做田野，看看這些阿公阿婆的生命力從何而來。

我每次來到市場，總會被激勵，尤其當生活提不起勁，沒有什麼力氣的時候，就特別想去菜市場走走，感染一點原始生命活力。這裡東西新鮮，價錢合理公道，每個人都很拼很衝，大聲喊價殺價，買方賣方都很有希望感，笑聲朗朗。在傳統菜市場人擠人的小巷穿梭時，我一次一次見證，人可以這樣充滿生機地活著，活到生命終老。

早上鬧烘烘的菜市場，以歐巴桑、歐里桑、阿公阿婆為主流，一到黃昏，就化身為香氣四溢的夜市，湧入大量外食的年輕人。台灣人機動靈活，勤勞工作，聰明彈性地利用每一吋空間。這一整週，我錯過了早市，經過夜市腳步特別慢下來，欣賞眼前的熱絡繁華。希望這個地方永遠不要變成大型購物中心，祝福這裡的阿公阿嬤，俐落能幹的小小頭家，都能工作到老，做自己生命的主人……。

參與運動的恐懼

我從電視與市民廣場看見的都是學生的勇敢、自信、樂觀。但是，太陽花學運到了第十四天，我參加系上公共論壇座談，主辦的學生邀請社工工會理事長談服貿與社工之關係，分享他個人參與這次學運的經驗。講者離開之後，是討論分享時間，有幾位在第一天就衝入立法院抗議的學生站出來分享，雙手握著麥克風，身體抽慉，一開口潸然淚下，說話斷斷續續，無法成句，只說他們從台北回到學校後很害怕，接著繼續哭泣。

我不解，舉手直問他們在怕什麼？在我的印象中，系上學風開放，師生關係良好，多數老師一直強調批判性思考，不斷在課堂上倡導反壓迫、反暴力，教導同學要有正義感，要關懷弱勢，要與弱勢站在一起，為何學生會這樣害怕？同學後來補充，不知道是否因為我們學校偏遠，位於台灣地理中心山區，遠離台北，因此周圍的人對學運冷漠，不問不談，他們不清楚周圍的同學與老師們在想什麼，態度是什麼，是怎麼看這件事情，沉默與疏離讓他們很害怕。

學生的恐懼讓我不捨，仔細想想，同學的怕其實很理所當然，因為鮮明的政治立場，必定引起不同立場同學的敵意與攻擊，尤其他們是少數，可能被多數人排斥隔離。而且，他們觸犯了法律界線，也擔心來自學校或司法的懲處。但彷彿是風雨前的寧靜，他們回來這幾天，同學沉默，多數老師也沉默，校方也沉默。沉默氛圍令人更害怕，不知大家在想什麼，不知身邊是不是有敵人。我太天真無知，政治敏感度不夠強，以為系裡師生應該與我的想法差不多。

我能做的，是坦誠揭露自己。一兩週來我努力蒐集資料，觀察分析各種不同立場的人發言，我讓現場所有同學知道，三月三十日那天，我與先生也穿了黑衫，從台中搭高鐵一路站著去台北。雖然我並不是很喜歡參與群眾運動，不喜歡在週日還要出遠門，不樂意花來回三千元的高鐵車資，但我更不希望看到台灣社會受傷，不希望學生、員警、或任何人受傷，不願意恐怖的政治悲劇再度發生在這個島嶼。

台灣民主不是天上掉下來的，不能只是享受成果。這次學運，我目睹了一場精彩漂亮的社會運動，看見台灣年輕人的力量，這對已邁入中老年的我而言，意義重大。當學生站在立院呼喚全民站出來時，我覺得學生需要支持才能繼續這樣的理性與熱情，不要變形成為不可收拾的群眾暴力，也才能告訴政府，不要用暴力對待這些學生，這一天若不去台北，心會不安。我對著現場上百位學生自我揭露立場，希望能減低學生的害怕。

一條條慢慢匯集的黑水

我大學主修社會學，選修了「社會運動」這門課，是所有學科中分數最高的。對於能勇於表達想法，勇於護衛自身權益與存在價值的人，只要不傷人，不要使用暴力，都相當認同支持。雖然揭露自己的立場與行動總是有風險，尤其在自己的工作職場，很可能成為意見立場不同者的攻擊目標，但懦弱不為自己認同的價值挺身而出，不努力讓周圍環境更美好也有風險，而且危險性可能更大。畢竟一再地妥協或沉默，當整個社會被不當的人接管時，到時候要反抗就相當困難了，要付出的代價更高。另一方面，**冷眼旁觀不行動，自己的存在也會有風險，因為良知會不安、內咎，會厭惡自己懦弱，會憤世嫉俗，憎恨勇敢的人。**

三月三十日那天中午，我非常驚訝台中高鐵車站人潮擁擠，所有車廂站滿黑色人潮，我從來沒看過對號座的車廂站滿，幾乎沒有任何空隙，但大家也不推擠，安靜地挪動給彼此適當的空間。列車啟動之後，大家都沉默地站著，沒有一絲躁動與喧嘩，我停了幾秒回想這場景，臉頰立刻發熱，眼濕模糊，這就是所謂的「熱血」嗎？半百歲數的我，早已不是青年，只是那一刻，我以台灣社會的成熟為榮，台灣能有今日的發展為傲。

高鐵抵達台北，滿滿的人潮也是非常有秩序地慢慢走出車站，四面八方穿著黑色衣服的人，密密麻麻如一條一條黑水慢慢匯集，流入同一個方向。我在巨大稠密人群中緩慢移動幾小時，群眾溫合、理性、堅定，心裡默默讚嘆這次學運的論述力、組織力、團隊合作、創意、行動力。我欣賞學生的真、不矯情，更讓我佩服的是勇氣。心想，也許這麼多年來的種種教育改革並沒有失敗，台灣社會也沒有失敗，這次學運，學生交出了漂亮的成績單。這些學生讓我再一次看見台灣的美好，台灣還是有希望的……

走筆至此，一時無法繼續，激動淚流不止……

我第一次為這次學運流淚，是在學生被鎮暴警察粗暴毆打到頭破血流的第二天。當政府粗暴地對待沒有攻擊行為的抗議學生時，我聞到一股肅殺氛圍，神經繃緊，好像威權體制又復甦了。**政府若帶頭公然暴力，後果將相當嚴重，各式各樣的暴力將會被合理**

化，四處流竄，人的內在邪惡面向將會被充權擴大，快速被引發出來。我最擔心的是類似二二八事件，將再一次發生，台灣好不容易燃起的民主法治火苗，面臨熄滅的危機。那幾天我全面搜索任何可以參考的資料，包括不同立場的報紙、雜誌、電視評論，相互比對，判斷資訊真假，想確認政府是否真的血腥鎮壓學運。

暴力的衝擊與影響

我對於任何形式的暴力都很敏感，暴力讓人害怕恐懼，讓人不能表達自己，暴力會一再複製暴力，這與我追求自由的價值相左。過了一兩天，我又在臉書發文，因為之前的學生在陽明大學研究所讀書，她在臉書上告訴大家，陽明大學每天都有教授利用中午時間，自願在教室外面公共空間開講，分析服貿對台灣的衝擊，尤其是你我相關的醫療品質，相當令人擔憂。我一直關心精神衛生，因此在學生臉書的留言寫說：

我也擔心在一個威權的社會下，大家精神、心理會越來越不衛生，周圍不可信任的人越來越多，不能大聲地笑，不能大聲地哭，不能大聲地說不，真正的想法與感覺都不能形於色，因為沒有安全感，因為社會無法治，無德性，無良善，隨時擔心被清算鬥爭。然後，一切向錢看，向權看，以為有了錢與權就比較不會被欺負，人自然地越來越貪婪，越來越勇於踩在別人的頭上向錢走。

台灣好不容易建立出來讓人引以為榮的小小社會資本（信任、關懷、公平正義等等等），即將快速崩盤，往不公不義的社會靠攏，一個狗咬狗，人咬人的社會。我們要護衛台灣的社會資本！沒有民主，沒有社會資本的社會，所有經濟成長的果實幾乎都會落入少數人的手上，多數人的權益會被犧牲，這與社會工作促進全民福祉（well-being）價值相違背。

我激動地在學生臉書上打了長長的留言，快速按鍵之後，突然想起二十五年前，一九九〇年春，台灣被美國《時代週刊》（*Time*）以「貪婪之島」形容，全民都在玩六合彩、炒作股票。當時我在美國費城天普大學讀研究所，很難過，逢人就為台灣辯護，這是社會高度缺乏安全感的結果，不是台灣人天生如此。我們還沒有民選總統，還處在白色恐怖，集權統治，一黨專制的時代，每間教室都有暗藏監督老師與學生言論的執政黨工，而且當時不但內有高壓政府，還有中國持續要攻打台灣的企圖，有錢的人才有機會移民到其他不被戰爭威脅的國家，大家若不想錢，還能想什麼？

我們還要回到二十五年前的貪婪年代嗎？

我很宅，已經宅了數十年，無黨無派，平時甚少與任何團體來往，除了工作家庭之外，我盡量避開人群，避開任何政治或宗教組織。年輕時遭逢人生悲劇，一直躲在洞裡療傷，卻不知不覺喜歡了簡單的生活。但是，只要目睹暴力，心就無法如如不動，總覺得要做點什麼，才能安靜下來，不知不覺參與了一些家庭暴力社會工作。這回面對這麼龐大的國家暴力可能一觸即發，一時之間我不知道自己能做些什麼，不知道如何阻止這樣的暴力，也才發現自己很渺小，沒有任何舉足輕重的影響力。這種焦慮又無力的狀態，讓我很鬱悶。

眼前能做的是發聲，在公開的場合譴責暴力的嚴重性，在臉書分享資訊發表想法，在課堂上提供討論平台，讓同學理解獨裁與暴力對社會的衝擊，這是目前唯一能做的。暴力若不被察覺，不被譴責制止，一定會繼續蔓延。但是我還是憂心，不僅是參與運動學生會害怕，沉默的多數人或許也籠罩在恐懼中。

沉默者必有其顧慮與不同的價值選擇，有人不認為目前執政者的做法不妥，也有人還在思索觀望，也有人因為害怕風險。生命的本質原就是貪生怕死，譴責暴力容易被施暴者報復，何況是政府這麼強大的組織，我們每一吋的生活空間幾乎都被政府滲透。公開自己的立場之後會不會被秋後算帳，這是無論處在哪個團體都會有的擔憂。要選擇站在弱勢的一邊，還是站在欺壓者這一邊，這可能攸關個人生存的兩難。每個人需要思索的時間不同，安全感不同，最後決定也會不同。我瞭解，並非每個人都有相同的氣質性情、才華、機緣、身體狀況、以及社會支持系統，說真話要付出代價，甚至有生命危險，不是每個人都付得起。這就是為何開放、自由、相互尊重的民主社會這麼可貴難得。

惱羞成怒的防衛機制

我在課堂上問學生對學運的看法時，很多人低頭不語，我能理解也尊重。一位化名「芥末」的學生在作業裡自問，問自己敢不敢挺身而出，走上街頭？芥末的答案是：「不敢」，但是這個不敢，卻讓他陷入一種低潮，促使他開始分析自己的過去經驗。我讀到芥末這段誠實的自白，非常感動，欣賞他的誠實反思以及察覺自己情緒的能力。他的真誠，讓我們明白，沉默也是要付出代價，面對內心衝突交戰並不好受。

當一個人能看見自己的心虛、愧疚、甚至懦弱，看見自己因為「不敢」而情緒低

潮，而且也能同理、理解、接納自己的「不敢」，就比較不會為了掩飾自己的懦弱而去攻擊勇敢的人，也就是所謂的惱羞成怒的防衛機制。也比較不會成為令人討厭的阿Q，塞住自己的耳朵，遮住眼睛，不但不想聽到看到真相，還扭曲真相自欺欺人。

芥末能理性冷靜看自己，願意從多方管道瞭解實際狀況，先讓自己成為一個獨立思考的人，培養公民能力，這就是一種行動。能接納自己的人，通常比較有欣賞與支持他人的胸襟。我在閱讀化名「白開水」的學生作業時，就看見了反思帶來的溫柔包容，因為覺察而梳理一片內在空間可以容納他人。因此，我也呼籲行動力強的人不要攻擊不願公開發聲的沉默者，不能以粗暴的方式強加自己的理念價值在他者身上，要持續練習相互尊重的能力。**不要因為自己的勇敢，而合理化自己對他人的壓迫，別自以為是，以為自己的想法就是真理或正義的化身。以愛或正義為名的暴力不會手軟，他們因看不見自己內在的私心與黑暗而更加殘暴。**

我怕死嗎？怕國家暴力嗎？當然怕，尤其我是公教人員，政府對我有更多的控制力。但是，我也害怕自己不能做一個內外一致的人，生命浪費在無止境的妥協、偽裝、自我掩飾與謊言裡。我的內在有各種不同的「怕」在相互較勁角力。對於中國的權力伸向台灣，最大的恐懼是民主自由與社會資本的消失，擔心台灣很不容易建立起來的法治、多元價值、人與人之間的良善與信任會快速瓦解，獨裁威權將快速擴散，包括政府、財團、機構、學校、甚至家庭等，都可能全面威權化，我害怕生活在壓抑不能坦率說話的社會環境裡。

每場運動，都在考驗政府與社會大眾對多元價值的容忍度，在平衡社會偏執的方向，社會運動若能和平落幕，彼此協調退讓，台灣的民主自由基礎將更扎實，若以流血暴力收場，社會的開放會大幅度倒退，我衷心為台灣祈禱，為中國祈禱，為整個世界祈禱……，寫到此，我感受到自己面對體制暴力的虛弱無力，面對人類社會的暴力，我能做的就只是祈禱嗎？

這個運動真長，快崩潰了！

當我親眼看到三月三十日那天的人潮與秩序，這麼多人保護學生的安全，我鬆了一口氣，學生應該是安全的，也很欣慰，學生真棒，台灣真棒，執政者應該會節制公權力。然而，當天晚上回到台中，整個人卻疲累空虛，好像力氣用盡陷入虛無的黑洞。

將近兩週，生活都亂了，睡眠不足，不是晚睡就是半夜醒來無法入睡。終於覺得可以放心回到工作岡位，追趕落後的工作進度，整頓混亂的家，但是，身體卻開始癱軟，注意力無法集中，沒力氣迎戰。我開始焦慮自責，陷入無法守住承諾的挫折裡，不安的心念像小石粒塞滿整大腦，滲透每個細胞，身體越來越重，那個自我嫌棄、自我攻擊的自己又來亂了。

這一兩週全部精力在因應外在的威脅，當危機暫時解除時，迫不及待要恢復原本的生活規律，我沒有給身體足夠的休息時間。沒力氣做事卻又放不下時，那個喜歡當法官仲裁、愛評價的自己，就會趁機掌權，指責自己無能。**多數人對他者的暴力比較敏感，面對自己施加給自己的暴力卻相對遲鈍。這幾年，經常在課堂上提醒學生，其實也是在提醒自己，除了防衛他人暴力與不成為別人的暴力源之外，也得避免對自己暴力。**

「邪惡的平庸」

從台北擠著高鐵回台中的夜晚，擱置自己事情的理由已解除，該面對自身問題了，卻因無力行動而憂鬱煩躁。我警覺到這情緒可能來自對自己的苛求，對身體的壓迫，**一旦看見暴力的自己，那攻擊力量就會立刻減弱，好像黑暗與光無法共存一樣。**我慢慢沖澡按摩，讓皮膚能呼吸，換上乾淨衣服，簡單在床上伸展，注意肌肉的感覺，身體也要正義自由，不願意一直受大腦干擾指揮。這一晚我睡得很沉，是學運至今睡得最好的一夜，一覺到天亮。隔日週一，快速處理堆疊滿書桌的文件，整理回覆電子信函，讀學生作業、評論研究生論文、備課。

只是，生活節奏才要恢復，沒想到週一晚上又看到新聞，某黑道組織要帶兩千人攻進立法院。我傻眼，難道台灣要回到沒有民主，沒有法治的械鬥時代？我再度非常擔心學生的安危，連續幾天，密切注意情勢發展，心又再度被社會騷動綁架了，這個運動真長，我不知自己能撐多久，學生能撐多久，政府能撐多久，台灣的自由民主能撐多久……。

我利用春假空檔，大量蒐購剛出刊的各種政論雜誌與報紙，回家研究交叉比對，瞭解整個社會的輿論位置。

花了整整兩天閱讀資料，鬆了一口氣，原來我一點都不孤單，全台灣都在關心這運動，主流媒體的評論犀利深入，《新新聞》南方朔的專欄引述漢娜鄂蘭「邪惡的平庸」概念，探討一個人的良心為何被狗吃掉，原因是這個人天天在執行邪惡的命令，邪惡已成了習慣，見怪不怪，他們會公然說謊，這些人向老大效忠，效忠即可榮華富貴，自動成為邪惡的幫兇。

讀完多本新聞雜誌對學運的報導與評論，我已經不太擔心，一方面知道媒體的影響力，一方面看到太陽花學運團隊這幾週的應變與主動出擊能力，對他們也開始放心了，我回到工作，從閱讀研究所心理衛生修課學生的匿名作業開始，他們的報告新鮮有趣。

我讀到化名「小米九」的研究生也與南方朔一樣，聯想到漢娜鄂蘭「平庸邪惡」概念，不禁會心一笑，以學生為榮。一個不知道什麼是自由、自主的人，或者認定自己是沒有選擇權的人，比較容易站在有權力的人這一邊求生存，認同威權者。這類型的人不能欣賞包容權力比他低的人有勇氣批判，與權威抗衡，他需要他人服從自己，就像自己一直服從權威一樣。**一個人沒有了自己，就沒心腸度量容忍別人有自己。如果不能覺察自己的陰暗面，這些陰暗的自己將無限繁殖，以各種扭曲的方式釋放，掌控我們的存在。**小米九希望自己「活得真」，只要立志「活得真」，不輕易妥協自己的「真」，或許能避免成為政客之流，邪惡之人。

美好的生活來自於開放和因應能力

化名「檸檬」的研究生作業，提到他那天在學校人文學院國際會議廳參與「認識服貿」座談會，專題演講之後，聽到我的發言很觸動。那天上台發言，我一直提醒自己，不要激動，只要讓學生知道我反對暴力、反對極權政府的立場，並對學生的勇氣與行動力表示敬意。但是一開口就不可收拾，越說越激動，說了將近十分鐘。我談論何謂暴力，何謂道德，談到極權政府的可怕，以猶太人被納粹政府屠殺六百萬人為例，證明**人**

的內在陰暗邪念是人類社會、是地球所有生物的最大災難。學運期間執政者的回應態度與「鎮暴」行動，都讓我很擔心台灣民主法治已經快要崩解了。後來發現，我的判斷與《新新聞》專欄評論家顧爾德的觀點類似，都認為這是二二八以來，台灣政治最大的危機。

化名「小草」的研究生在作業裡與我分享，說他讀到上一篇我寫傳統菜市場的場景與價值時，喚起他生長在鄉下，與媽媽逛菜市場經驗，那刻，他不禁熱淚直流，他說他不要「熱情如火的市場變成冷漠如冰的超市」。小草形容得真好，超級市場真的很冷。

寫到此，學運已進入第三週，又是週二心理衛生課程備課時間，立法院公開承諾學運的訴求，學生宣布退出立法院。台灣又暫時度過一次危機，如風雨過後，雨後見晴，空氣煥然一新。我逐漸沉澱激動的情緒，游泳、走路、打掃家居、靜坐，讓情緒緩和下來；我藏身在咖啡店與學校圖書館角落閱讀書寫，專心面對已經落後的工作。

三週的學運讓我繃緊神經，引起我強烈且複雜的情緒，這些情緒推動我去想、去說、去做。這幾週的經驗，讓我更能瞭解人本學者羅傑斯（Carl Rogers）對心理衛生的界定，認為**健康美好的生活並非保持快樂滿足的恆定狀態，而是一種開放與動態因應的能力，特別是對於恐懼、畏縮、痛苦之類的感覺開放**。當一個人能不帶防衛之心對體驗開放，則每一時刻都會變得新鮮，這人將明白，下一個片刻的我將會是什麼、做什麼，都不可預知，要看那時刻中的發展。美好人生是一種動態過程，重要的是人能獲得內在的自由，能選擇發展的方向。

台灣沒有很多礦產，非常依賴人力資源，太陽花學運讓我看到台灣新一代的力量，也再一次看見台灣民主的成熟度，已經發展出多元相互制衡的力量，我也看見執政者的節制力與容忍度，這是全台灣人的勝利。我覺得一個人若能夠得到適當支持，有一片小小空間可以自由伸展，力量是相當大的。

在學運安全落幕之後，我想說的是，在對外抗爭奮鬥發展自由正義社會的同時，每個人也得誠實面對自己的問題：看見自身的偏執，看見內在的矛盾糾葛；降伏隨時可能升起的暴力衝動，溫柔待己，溫柔待人，享受清醒，享受睡著，將自己穩穩地接住，我們才有機會建構一個開放、自由、相互尊重關懷的多元社會。

自我接納等同自我放縱嗎？

過去一整個月，被太陽花學運攪亂生活作息，也影響我開始去注意已經忽略多年的政治、經濟、國際情勢等大環境問題，不能以渺小個人不會有什麼影響力為藉口，不去關心瞭解。我也更積極書寫多年來學習心理衛生心得與人分享，我的理論是，**一個內在和諧、滿足、自由的人，比較不會有欲望控制他人，逼迫他人做不願意做的事，強烈的控制欲源自內在的恐懼害怕，源自內在的沒有安全感。因此，要減低社會的暴力，協助每個人內在和諧安定，應是有效途徑。**

然而，保持內在和諧、滿足、自由地存在並不容易。在關注追蹤學運發展時，我的精神狀態是專注統合的，處於備戰狀態，不太想到自己。當外在環境的壓力解除了，能量也隨著事件的結束而快速墜落，面對工作壓力與打理日常生活，卻力不從心，很容易陷入沮喪、無力、憂鬱，萬念俱灰，對任何事都提不起勁，這樣的狀態起起落落，持續一兩週。說真的，這有點諷刺，學運期間反而比較有精神活力，專注關心一件事，不想其他，雖有擔憂不安，卻也有愉悅、興奮、感動，與許多不認識的他者以及整體社會產生連結感，生活有某種程度的豐富與意義感。

人類的集體行為兼具不可抗拒的吸引力與自我迷失的危險性，奇妙的是，我這學期的心理衛生專題課程安排，彷彿與外在環境共振共舞，才上完社會文化對個人心理衛生的影響，上完傅科（Michel Foucault）論述規範權力與「瘋狂」的社會脈絡分析之後，就出現太陽花學運，見證社會氛圍如何影響個人的情緒浮動。尤其，**有些人會將對自己的不滿或挫折投射到社會環境，當運動結束時失落感也會更強，這時更不容易回頭面對自己的問題**，新聞報導，這段期間精神科門診增加一成。

自我接納會讓自己更糟嗎？

從學運開始一個多月來，我不但工作亂了，體重竟然創有生以來的新高點。我忘了秤體重，少照鏡子，直到危機解除才看到鏡中自己變形的身體，除了錯愕驚嚇也升起一股嫌惡感。我難以接受自己的身體樣貌，想起兩週前學生們困惑的臉。

課堂上，我正在講述「自我覺察」與「自我接納」（self-acceptance）能讓自己更健康地去因應生活，也引述一九三〇年代美國社會工作著名的學者透爾（Chalatte Towle）所寫的《社工員的心理衛生》來強化我的觀點。這時，有些學生皺眉，我停下來請問他們是否有問題，學生說：「萬一自己真的很糟糕，自我接納不就等於縱容，讓自己更糟嗎？」，聽到學生的詮釋，我覺得學生誤解了這個概念，我努力地澄清，自我接納並不等於放縱自己，但是學生的臉仍沒有放鬆，似乎無法認同我的說法，我好像也無力讓學生明白我的想法。因此，即使過了兩週，學生困惑的表情仍留在我的腦海裡揮之不去。

我記得之前的學生也經常提出相同的擔憂，強調自我接納是否導致一個人合理化負面的自己，例如接納了遲到的自己，是否表示以後都覺得遲到沒有關係了，然後就真的永遠遲到了？接納自己說謊，那未來說謊是不是就會成為自然而然的習慣？

學生的推論是不是合邏輯？是不是也有道理？這一刻，站在落地鏡前的我立刻遇到了這個難題。我無法接受鏡中突然膨脹的身體，我有既定的審美觀、有分別心。當然，我也可以安慰自己說，美醜好壞都是社會制約的，別困擾了。但我一時之間做不到，價值觀是長期建構出來的，喜歡什麼不喜歡什麼，不太可能瞬間改變。

只是，我並不喜歡處在自我嫌惡的感覺裡，該怎麼辦呢？怎樣可以與自己和解？我可以努力催眠自己「自我接納」——胖也是一種美，美是主觀的，是被社會所操弄的，在唐朝女人要豐腴才被公認好看……。我若試著改變對肥胖的「認知」或「審美觀」，就能減少不舒服的感覺，然後放棄努力讓體重繼續增加下去嗎？

我再度問自己，我想這樣嗎？不，我不希望體重繼續增加，我喜歡俐落輕盈，我還沒辦法說服自己去喜歡超重的身體，那，我要自我接納的是什麼？

自我接納是和解，不遷怒

我想起寒假時，庭院芭蕉生產過盛，我喜歡香蕉蛋糕，剛好天氣很冷，突然很想用吃不完的芭蕉來烘焙蛋糕。結果第一次烤焦了，難以下嚥。人天生就有味覺、觸覺、視覺、聽覺，我們有品味，能感受美與醜，好與壞。我讀博班時，曾在實驗室測試四個月的嬰兒，證明他們明顯地喜歡和諧對稱的圖片與和善微笑的臉型。對事情有嫌惡感、噁心感，其實也是一種保護生存機制，例如食物壞了聞起來很噁心，就不會想吃，身體就不會吃到很多的細菌；烤焦的芭蕉蛋糕聞起來還香，但吃在嘴裡味覺不舒服，這也讓我們避免吃下不健康的食物。**感覺是我們察覺周遭危險環境的天線，讓我們提早預防因應周圍的危險，不能忽視。**

因身材變形而升起的嫌惡感與笨重感，讓我起了警覺心。為了要減少不舒服的感覺就會有行動。我發現以批判「絕對審美觀」概念，說服自己認同「相對審美觀」，這無法安慰我，畢竟這也不完全是美感問題，也是身體負擔與健康因素。我能接受的是體重突增這個事實，同時也接受我並不喜歡自己身體變形。而要小心的是，不因此而討厭自己，更不要遷怒於工作、外在環境、或周圍的人。體重失控是一個警示，讓我察覺到生活失去了平衡，它在呼喚我回頭關照自己。

接納並不等於認同，接納自己是自卑的，並不表示認同自卑；接納自己很無能，並不表示認同自己的無能；接納自己對不起人、傷害人，並不表示認同傷害人的行為。自我接納是清楚明白我曾經就是這個樣子，更白話的語言就是誠實認了，該懺悔就懺悔，該改變就改變。自我接納是對自己不變的愛，使我們看見真實自己，感覺自己的存在狀態，有勇氣以理性客觀探索負面情緒的源起。**因為不否認，才能看見真相，精確地察覺自己喜歡什麼，不喜歡什麼，不情緒性地防衛或合理化，才能下定決心改變，面對問題，為自己的價值、為自己所愛的生活而努力。**

人生有很多事情無法逆轉，身體有自己的基因和週期，很多時候是無法控制的，包括體重、疾病、個性、衰老、失能，以及更多來自環境社會、不可控制的無情殺手，我們只能與疾病災難共處適應，接納生命不可避免、不可控制的失落，減少徒勞的抗拒與控制，才能保有力氣愛自己，安靜地感受到自己正在呼吸。

自我接納是與自己真實的感受很靠近，就像難過想哭，眼淚自然流出，意識與感覺是相通的，而非解離狀態，或者處於防衛狀態，例如合理化（太忙了，過一陣子再說，其他事情比較重要）、否認（還好嘛！有人比我更胖；胖也是一種美，但內心尚未認同）、壓抑逃避（不磅體重，不照鏡子，穿寬鬆的衣服遮掩）等等，這只會讓問題更失控，心理更扭曲不衛生。

自我接納是和解，與不喜歡的自己和解，不要再責罵自己，別厭惡自己，別遷怒他人，同理包容自己此時此刻的狀態。因此，要先有問題意識，先察覺自己內在張力，才有所謂的「接納」。對自己內在情緒的覺察接納，不再衝突對立，不再鴕鳥式的防衛。雖然，這並不容易，好比我已宣示多次，要好好善待身體，但還是一再淪陷，經常相當無力，但至少我沒放棄努力，**一旦知道自己要什麼，就不會輕易放棄**。

將痛苦當工具，以受害者為策略？

學運結束不久，又有新的危機，我指導的一位研究生，本週在系上seminar發表論文研究計畫書的過程，被某位教授言語所傷。依照系的修業規定，每個研究生在提論文計畫口試之前，必須在系上的seminar公開發表討論，全系老師與碩博研究生都義務參加。那天，整個討論會驚濤駭浪，我的研究生受到某位老師的猛烈質問，主持人沒留給研究生足夠的時間回答，師生權力不對等。

然而，學生一直不卑不亢，保持禮貌，克制自己的情緒到最後一刻。我覺得研究生的報告與問題對答都很出色，如其他在場老師所言，實問實答，有憑有據，是寫得非常扎實的研究計畫書。

討論會結束後，我如釋重負，從教室最前排走向教室後端研究生報告的位置，要恭喜學生通過論文計畫的第一關，沒想到眼前學生滿臉淚水，她尷尬急著解釋說：「老師你不要擔心我，我只是很高興 seminar 終於結束了。」

討論會結束時已經是下午五點半，我緊接著要開系所評鑑小組會議，沒時間瞭解狀況，等隔天下午上完了課才約了這位研究生談談。我們先到人文學院的 7-11 買兩杯重烘焙咖啡，走到附近無人的大草原旁坐下。午後陽光輕風徐徐，倆人慢慢喝著咖啡，研究生告訴我一些我不知道的事，才感覺到她真的受傷了。我心情沉重，一時之間不知能做什麼，只能一旁陪著，我們從下午兩點多一直聊到遠山消失，聊到巨大黑幕慢慢蓋上翠綠的大草原……

我的創傷後症候群

事件過了數天，那幾天夜半醒來就無法入睡，腦海浮現 seminar 現場對話，浮現研究生淚流滿面的影像，不斷想著「我能做什麼？」

感恩的是，我的研究生並非弱者，她邏輯思考強，EQ（情緒商數）也很強，能真實感受到自己的情緒，不防衛，不壓抑隱藏，講到得意事開懷大笑，說到傷心或令她感動的人與事，眼角淚水滿溢，內外一致。她復原力很強，理性不情緒化，頭腦清晰，經過幾天密集對話，我已經不擔心學生了。反而是我有了狀況，連續幾日睡不好，覺得自己身心都很不健康，強烈的情緒驚動身體所有細胞，已經影響正常生活作息，頭昏、眼花、耳鳴症狀隨之浮現。

一整週，只要一個人安靜的時刻，我的大腦就輕易被這事件佔滿，不能自主地一直重複出現那天seminar場景。公開發表論文計畫的主旨是讓學生學習論述與答辯能力，指導教授通常留到最後總結，除非特殊狀況，我盡量不剝奪學生的學習機會，讓學生自己為論文答辯，長出力量。

但這次研究生卻有苦難言。她之後告訴我說，她清楚有些老師並沒有細讀她的研究計畫，因為他們提的一些問題，在計畫書裡已有回應了，只是身為學生，她顧及師生倫理，不敢直接詢問老師是否有詳讀計畫書。學生因為尊重師生倫理，難以正面防衛自己，讓我更不捨，也讓我警覺，我是否也曾經這樣誤解學生。

這事件造成的沉重感在我身體裡滯留多日無法移除。感覺大腦裡被強迫放入巨石，行住坐臥都難放鬆，**腦海不斷重播事件畫面**，**身體發熱**、**反胃**、**胸悶**、**呼吸不順**、**夜半醒來無法再睡**，**我大概有創傷後症候群**；唯有在專注工作時，比較能忽略這塊大石的重量。然而我儘管很想專注做其他事情，還是煩躁，無法靜靜待在家裡，只好帶著電腦到咖啡店或圖書館，藉著外在環境的氛圍，讓強烈的情緒慢慢安靜下來。

我提醒自己要小心，別落入受害者情結。**受傷時容易將相對人想像成惡人，強化與合理化自身的痛苦，讓對方更符合加害者形象，自己則成為完全無辜的受害者，因而不知不覺沉溺在痛苦中，將「痛苦」當工具，以「受害者」角色為策略，引發他人的同情與正義感，來攻擊相對人。**然而，**緊抓著受害者角色的防衛機制，要付出的嚴重代價就是得讓自己持續過著悲慘的生活**，藉以保持他人的關注，賠掉的不但是自己美好人生，周圍的人也會因為無力幫助受傷者而漸漸遠離。我得謹慎，不要落入任何情緒性、毀滅性的防衛機制，而是尋找更健康的方法療傷。

幾週前我密集撰寫「心理衛生社會工作」，我有著夢想，希望人人都能有健康的心理，不要因無知或防衛而自傷或傷人，因而接受同事的邀約，在他主編的《社會工作概論》教科書，負責撰寫「心理衛生社會工作」這一章。意外的是，寫完了之後，我覺得很踏實，好像也因此更清楚自己要過什麼樣的生活、要成為什麼的人，原本以為是幫他人忙，最後是自己收穫滿滿。這些日子因seminar事件而不安，讓我突發奇想，何不以剛整理好的幾個心理衛生理論來檢視自己，或許能療傷，也可做為後續的課程教材。

搬出佛洛伊德和馬斯洛療傷止痛

精神分析理論創始人佛洛伊德認為，人只要有能力愛，有能力工作（to love & to work），就是心理健康、能適應生活的人了。這道理簡單易懂也不難做到，問題是要**持續保持愛與工作的能力並不容易**。我很快察覺，只要我處在憤怒或厭惡他人的情緒時，愛的感覺就蕩然無存。然而，如果我用力克制自己，不要對他人生氣，就很容易將矛頭指向自己，認為是自己無能保護學生。我讀到自己不久前寫的一段話時，嚇了一跳。我寫說：「當我們一直自我批評譴責，自己很爛、很笨、很懶、很無能時，也是沒有愛的，這一刻無法愛自己。」我常質疑，**一個不快樂、無法愛自己的人，有能力愛他人嗎？**我也清楚看見，當我憤怒、厭惡他者或自己時，我並不快樂，是受苦狀態，非常容易對無辜的家人發脾氣……。

佛洛伊德簡單的心理健康指標，讓我有些警覺，稍微止住低沉的情緒。我繼續往下讀不知已讀了多少遍的馬斯洛需求滿足理論，這回讀著讀著竟然非常療癒，尤其有關高峰經驗的論述。馬斯洛初期研究將人的需求層次大略分類為五個等級，包括生理、安全、歸屬感與被愛、自我價值感、以及自我實現，他後續對於高峰經驗與宗教靈性經驗有更一步的研究。基本上，這些需求的滿足是有順序性的，一層堆疊一層地慢慢往上發展，當人滿足了基本生理需求之後，才能進一步追求愛、歸屬感、自尊等需求，最後才達到自我實現的境界，做自己真正想做的事，忠於自己的性向本質，實踐自己的潛能與天賦。

高層次的需求滿足，能帶給人比較持久的快樂，有時甚至會有「高峰經驗」（peak experience）。馬斯洛形容，當人處在高峰經驗那一刻，「我們因為活著而感到安適、快樂和感恩，差異與衝突化為烏有，我們直觀生命的意義，飄然狂喜。」[1] 此時的自我非但沒有喪失，反而開闊無限延展，好像是與萬物合一的感覺。馬斯洛從這些高峰經驗中，察覺生命的存在價值，例如真、善、美等，因而對人的本質充滿信心，他以發展個體優勢潛能以及對他人的關懷，作為人本主義理論的核心價值。高峰經驗是極度快樂的時刻，**人能因著多種不同的活動而感受到高峰經驗，包括靈修、靜坐、專注的創造過程或致力某件事情、無條件的真愛、無條件的助人過程等。**

事實上，每個人多少都曾體驗過高峰經驗，但這狀態並不易持久，那是理想的存在境界。基本上，能完全自我實現的人已經不多，更少有人能一直處在高峰經驗狀態，

1 參見廖婉如譯，P. Ferrucci 原書（2010）。《美，靈魂的禮物》。台北：心靈工坊。

多數人是在各種需求層次之間漂流。生命是動態起伏的，社會環境也是動態的，從出生到死亡，我們的基本需求、愛、自尊、歸屬感等，可能隨時被剝奪。當知道研究生受傷時，我的安全感、歸屬感、愛與被愛都受到威脅。在工作場域發生這樣的事件，讓我很不安。

「美好的存在狀態」是什麼？

我最後閱讀世界衛生組織（WHO）這個普世的機構對心理衛生的界定，發現WHO除了強調個人健康層面之外，也強調個人之社會角色部份。早在一九四六年，WHO的組織條例就很清楚定義所謂健康並非僅是無身體疾病，而是包括身體、心理與社會三個面向。以此脈絡為基礎，二〇一三年世界衛生組織以相當簡短的幾個字“a state of well-being”（我翻譯為「美好的存在狀態」）來描述心理健康是什麼。然而，怎樣才是美好的存在狀態，WHO進一步解釋，當一個人能瞭解其潛能、能因應日常生活壓力、能工作、有生產力，並且對所處的社區有貢獻，就是一個心理健康的人。

WHO對於心理健康者的指標有三，除了能因應壓力與有能力工作之外，強調人應對所處的社區有貢獻。因此，若有人能因應壓力，工作能力強，譬如擁有很大的權力或企業，但卻污染破壞其所處環境，剝削他人壓迫他人，這樣的人也不算是心理健康的人。儘管他們可能因工作能力強而有所成就，覺得自己達到自我實現的層次，但若他們的「自我實現」嚴重地威脅壓迫了其周圍的人與環境，這並不「衛生」。人類歷史也證明，**被壓迫的人終究會反撲，壓迫者的內心世界也少有安寧。**

重讀一遍之前寫的「心理衛生社會工作」之後，心情竟然舒坦許多，我仍有工作的能力，陪伴學生一起思考，密集以電子信件、臉書訊息討論問題因應與療傷止痛、繼續工作行程、寫系所評鑑、幫狗狗洗澡看醫師、週末回老家探望媽媽，洗衣煮飯掃地，整理庭院。從佛洛伊德的「愛」與「工作」的觀點，我還算穩住，只是處於備戰狀態的緊繃與沉重感很耗能量，無法持續太久，身體會受不了。

從馬斯洛的角度掃描自己，則又有不同的看見，即使某種程度覺得自己正邁向自我實現階段，但我的基本生理需求仍經常不足，如沒睡好、疲累時仍強迫自己繼續工作、人際與親密關係也經常擦槍走火，並不穩定；身體更是常出狀況。而第四個需求層次是自我價值感，這更無法恆常，當一件事情沒做好時，自我價值感就會被威脅，如看見學生受傷，不知能為學生做些什麼，就會質疑自己。又或者沒有好好善待一個人，對人有所虧欠，覺得自己是很糟的人，因為生活忙碌，想做的事情也很多，無法面面俱到，看到他人失望的眼神，會覺得自己無能、無情又自私。

透過馬斯洛的需求層次，層層檢視，感慨人生艱難，危機處處暗藏。人要能保持在高峰經驗的境界，幾乎不可得，但那境界讓人嚮往，許多人也都曾有過這樣的體驗，食髓知味，因而努力想要進入這樣的狀態，我也不例外。但數十年來的生命經歷，我也相當確信，**與自己和解，與他人和解，萬物合一，處於沒有矛盾衝突的統合狀態，那種輕盈、滿足、幸福感的存在，是可以透過後天努力達到的。**只要不斷覺察與練習，就能慢慢增加頻率以及持續的時間，開啟高峰經驗的鑰匙其實就在自己的手上……

寫著寫著，出現神奇的感覺……

發現通往高峰經驗的途徑

當寫到「開啟高峰經驗的鑰匙就在自己的手上……」那一刻，突然覺得自己手上真的有鑰匙，我不自主開啟了一個空間，暫停書寫，雙腿盤起，坐在電腦前靜止不動，大腦裡的巨石魔術般地慢慢溶解蒸發，有股新鮮空氣注入，滲透全身，很舒服……

我體驗到只要清楚知道自己想要什麼，尤其是感受部份，似乎瞬間就能轉化所有很不衛生的情緒狀態，心境轉變就在一念之間。

這個意外經驗，讓我歡喜興奮，充滿了活力。過去曾透過打坐、游泳、打太極拳、快走、打掃、等專注於某個活動，而感受到深深的愉悅與和諧，但是這回是書寫整理過去美好經驗，轉個念頭，清楚自己要過什麼樣的生活，喜歡自己處在什麼樣的存在狀態，身心靈竟然開始慢慢統合、放鬆，不再被不安、厭惡、痛苦感受所綁架，一字一字刻寫，傷口已漸漸癒合，這過程相當奇妙。**我真實體會到，若想保有熱情活力，一定得要懂得療傷止痛，創傷就像是破洞，會讓身體的能量流乾。**

因為研究生受傷而啟動了這篇書寫，一步一步靠近自己感覺，沒想到卻因此而發現了另一個通往高峰經驗的途徑。我想起之前提到的另一位人本學者羅傑斯的論述，他認為要通往美好人生首要的條件是對體驗的開放，能自由地活在實際存在的感覺之中，而不是防衛。**當一個人能不帶防衛之心對各種感受開放，包括恐懼、悲傷、痛苦等不舒服的感覺，則每一時刻都會變得新鮮，傷口會快一點好，不舒服的情緒不會停留太久。**

經過幾回自我掃描，檢視整理之後，覺得比較有能量，也比較理性去思考我的倫理責任。我鼓勵研究生寫電子信給相關老師，回應老師對她論文的質問與誤解，不久她收到了老師的回信。研究生告訴我：「我不想我的論文被誤解扭曲的心願已了。」學生能將不平的情緒轉化為力量，專心精進寫好論文，以很正向的方式提昇情緒，勇敢以文字面對老師，讓人佩服。

但，我自己的情緒仍未平，我記得WHO對心理衛生的界定與心理學最大的差異，在於個人與社群的關係。一個人除了能因應日常生活壓力以及有工作能力之外，也要對其所處社區有貢獻，才算是心理健康。個人生活的小確幸固然重要，但是若缺乏公共道德與正義感，對於覺得不對的事情不敢發聲，沒有任何行動，僅顧自己的生存，這樣的生命也無法得到真正深層的安寧平靜，畢竟**心理衛生絕對不僅是個人的問題，與所處環境的文化規範是否公平合理，社會氛圍是否溫暖安全息息相關**。所以，這件事我保持沉默是對的嗎？

我決定擱置，選擇先尊重研究生的決定，等研究生畢業，等自己的情緒平穩，我還需要時間思考，思索比較智慧的回應方式，讓周圍的環境更美好。此時，我又想起人本學者羅傑斯說：「當人能完全向體驗開放，放手做『覺得對』的事情，這是最可靠的行為準則。」我目前唯一能做的，就是保持開放的心，先將這事件、這過程寫下，相信自己會做出「對」的事。

後記

距離這事件已是多年之後，研究生早已取得碩士學位就業。她在尚未讀完研究所之前，已經考上公職社工師，論文口試成績也很高，現場兩位口委都認為她是學術人才，建議她繼續攻讀博士。

在考慮是否要出版這篇文稿時，我處於兩難狀態很久，怕為難學生，也怕自己與人衝突。然而，我開始書寫《社工倫理教育》，覺得要做對的事，要說出真話，要表達真實的自己，不但要有智慧，更要有承擔冒險的勇氣，我不想再逃避；這一段多年前的真實經歷，讓我看見自己的敏感易受傷。每個人的安全感與感覺反應強度不一樣，例如有人只要一滴檸檬，就覺得很酸，有人十滴也覺得還好；小孩對苦的感覺非常敏感，但很多年紀大的人特別喜歡吃苦瓜；有人皮膚輕輕被拍一下就痛得唉唉叫，有人卻拿著美工刀割也不覺得痛。或許seminar事件對他人是很小的事，但對當時的我卻是大事。而學生的反應其實也提醒我，身為大學教授，要謹慎使用手上的權力，莫以為自己的見解是真理的代言人，仗著教授的角色權威咄咄逼人，讓學生毫無反辯的餘地。事實上，曾有學生當面對我說：「老師，你很嗆！」，認為我在教導學生過程不夠同理尊重學生，當時我覺得很無辜也很挫折。而此刻看見的是，我太急著要拉拔學生知識與能力，很少注意自己的情緒與用字遣詞，我的用力讓學生受傷了。

整理完本書的初稿之後，我將全文寄給研究生，寫給學生的訊息摘要如下：

我整理了下一本書的初稿。考慮之後，還是將seminar事件放入，你若有一絲猶豫，我就拿下，完全尊重你，繼續鎖入箱底。你看一下，我有修改，應該溫柔許多，你有完全的權利刪除任何你不想要公開的文字，甚至整篇文。

研究生快速回覆我說：

老師晚上好，晚上回到家立刻開了電腦迫不急待地想要進入文章中閱讀，讀著讀著仍深刻地受老師自我覺察的能力所感動，已經又過了好一段時間，很高興老師和我、我們都已經跳脫出當時事件後的情緒中，從更高的格局去看待這件事情，或許某個程度來說也代表我們都從這個事件中復原了。最近的工作狀態也讓我一直在思考如何溫柔地堅持做對的事情這件事情，最近覺得在職場中，要說出真話、表達真實自我是難能可貴，又考驗智慧，甚至有時是冒險犯難的事情。看見老師寫道：「……我開始書寫《社工倫理教育》，覺得要做對的事，要說出真話，要表達真實的自己，不但要有智慧，更要有承擔冒險的勇氣，我不想再逃避……決定將這些書寫出版。……」，因為這一段文字，讓我知道老師您想將文章納入的原因。老師，我同意您將它們收錄進新的著作中，期待老師您溫柔而堅定的自我覺察，能夠透過文字一點一滴地影響更多的人，讓更多的人都能找到勇敢表達真實自我的勇氣！

讀完學生的信，激動哽咽，我看見學生在這整個過程，總以堅強、理性、韌力面對問題，讓我放心。重讀我們之前無數的臉書對話訊息與電子信件，更清楚看見學生能克制自己情緒，理性細膩不著痕跡維護我們系所的和諧，包容他人，這回又見識到她的篤定與勇氣，不懼不畏，相當大器。學生帶著個人生命教養與智慧進入大學，我能向學生學習的，遠多於我能給予的，這是我在這事件中最深刻的領悟。

不管是誰，都能變得幸福？

二〇一五年春，我在大學部開授心理衛生課程，有幾週的課程是我與學生共讀《被討厭的勇氣》，這本書以老哲學家與一位年輕人的提問對話方式，以當今生活的例子，介紹與佛洛伊德同時代的阿德勒心理分析概念，簡單易懂，引起大學生的興趣。書裡扮演師者角色的哲學家一開始就說：「人是可以改變的，而且不管是誰，都能變得幸福」。讀到這句話時，我有點半信半疑，放下書本，不禁問自己是否幸福？

我想半天，就是無法在「是」與「不是」兩個答案之間選擇。我當然是有幸福時光，但距離時時刻刻都處於幸福狀態又還遙遠，幸福感很難穩穩抓住，總是一不小心就蒸發，蕩然無存。怎樣才能讓幸福感失而復回，有沒有公式可循？或者，當幸福感將要消失時，有沒有警報提醒？

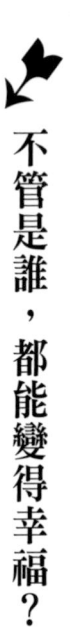

因為工作的因緣，我有機會聽到不少痛苦的生命故事，看見很多不快樂的人。有人充滿憤怒，有人抱怨不停，有人悲傷難止，有人被嫉妒之火焚燒，有人被欲望飢渴吞噬，有人因內疚、無力感而自我放棄，自傷也傷人。許多人被各式各樣的苦難圍繞，感受不到幸福。事實上，有關幸福的道理與理論很普遍，多到聽他人好心建議我們要如何才能快樂幸福時，都有些不耐煩，因為都聽過了，問題是做不到。

要幫助人找幸福快樂並不容易，特別是覺得痛苦源是來自他人的壓迫與暴力時，難度更高。我有好幾年埋頭研究社工員的工作處境與身心問題，覺得很無力感，**對改變不公平的社會環境無力，對於幫助弱勢者也無力，不久，開始覺得自己很沒用。**好像看人溺水就急著跳入水中救人，結果一直嗆水，手裡抱著溺水的人，但掙扎游不上岸，差一點溺斃。我竟然因為無力感、無力改善周圍人的苦難而覺得很不幸福，甚至想逃離現在的工作，這個問題有一個專有名詞，叫做「替代性創傷」。

我幸福嗎？

我成長過程是焦慮的，成年不久又遭逢巨大失落，回想過去歲月，處於痛苦的時間不算短，也有苦到極致的時候，應該不算是擅長幸福的人，這讓我對於長期覺得很不幸福的人，頗能同理。有一段時間，我常掛在嘴裡的口頭禪是「人要改變是很難的」，因為之前自己的親身經歷，以及發現周圍許多長期處於很不快樂的人，都一再說服我，要讓一個不快樂的人感受到幸福，是很困難的。因此，當讀到「不管是誰，都能變得幸福」諸如此類的斷言時，很難認同，甚至有點反感，又來了，八股勵志教條！但，這回，我發現自己的意識型態正在鬆動中……

在課堂上，我問學生對這句話的看法，竟然引起熱烈討論。多數學生都體驗過自己的改變，但也表示自己也有想改變卻很難改變的劣根性，而且也覺得不一定每個人都可以變得幸福。有一位同學分享自己的經驗，說自己有酒癮的親戚，所有人都用盡了方法，也是無法幫他戒酒，這位同學說著說著情緒激動，當下潸然落淚。我心裡明白，這位親戚一定是同學所愛之人。我親眼看過、聽過許多酒癮家庭的故事，不能改變就是不能改變，不但酒癮者的身體逐漸敗壞，無法工作，無法自我照顧，其家人也痛苦不堪，成為終生創傷。

所以呢？為什麼會這樣？**為何許多人即使處在很糟的狀況下，但他們還是不願意改變？**我跟隨著同學的分享，從他們的討論內容中，再找出新的問題丟給學生，激發他們的思想以及討論深度。同學的回應讓我睜大眼睛，覺得他們很有見識。有人說，因為害怕失控，一旦改變問題會更糟，害怕改變現狀會更不幸福。也有人說，不改變，是因為沒有可比較或可認同的對象，因為周圍的人都差不多，或者，比起某些更糟的人，自己已經很好了。另一位同學嚴肅地說，**不是不能改變，是他們選擇不要改變，因為要先接受不是那麼好的自己並不容易，改變要先認知或承認現狀不好，這會沒面子，所以就繼續自我欺騙**。這同學語氣堅定、犀利。

然而，這時候，又有一位同學手臂舉得很直，看來是有不同的意見務必要發言。果然，她說有些人不是選擇不改變，而是客觀環境不好，覺得自己根本無力改變，絕望了，不認為自己有改變的能力。這位同學與大家的觀察角度不太一樣，她看見大環境的因素，同理不改變的人，替他們申冤。

這讓我想起心理學教科書總是會收編「習得無助感」這個老鼠實驗，一隻被關在籠子的老鼠，無論怎麼試都逃不出牢籠，關了一段時間之後，研究人員將門打開，但老鼠卻動也不動，沒有任何企圖要逃出牢籠了。所謂哀莫大於心死，不能改變的人，是心已死，沒有希望感，不認為自己有任何機會。

「酗酒的人，是我爸爸！」

同學的發言討論，讓我覺得這門課充滿活力與新鮮感，我趁著同學高度注意力與好奇感時，繼續討論下一波問題，僅是思考人為何失去失望感還不夠，我們還要想想，如何能讓死去的心重生希望，讓習得無助感的老鼠恢復生機？**人的大腦比老鼠大好幾倍，人鼠本質大不相同，不能過度類比，千萬別讓這個實驗奪走了希望感**。人類整個身體都相當精緻聰明，有很豐富的文化經驗傳承，有文字記載，與老鼠的生活世界很不一樣。很多實例證明，只要願意給自己機會，穿越心理的障礙，不要成為自己的敵人，就能改變。

因為同學踴躍發言，積極投入討論，我發現上課時間過得很快，沒多久就聽到下課鈴聲，三小時一下子就結束了。當我在收拾筆記書本準備離去時，一早分享酒癮親戚狀況時哭泣的同學走到一旁問說：「老師，我等一下可不可以去你研究室找你一下？」

「當然可以！」雖然是中午吃飯時間了，我毫不遲疑點頭回答，事實上，我是鬆了一口氣。上課時，全班將近三十個人，我考慮到同學的隱私，沒有在課堂上深入問同學為何如此傷心，但心裡記掛著。

一進研究室，我放下東西，與同學一起坐下來，學校為教授研究室準備了兩張有扶手的小型沙發椅，讓老師可以在研究室與學生會談或討論課業。同學開口說：

謝謝老師剛剛的討論，其實我說的那位親戚是我爸爸，經過大家的討論，我比較能諒解我爸爸，但我還是不知道怎樣改變他。

學生說她與父親的關係很緊張，已經持續多年了，對於父親的一再酗酒，已經到了無法忍受的地步，也因此對父親非常冷淡，甚至不願意接父親的電話。早上課堂討論人為何無法改變，讓她對父親多了一些同理，也產生了一點希望感，或許父親仍有機會改變。我對於整個家庭的狀態瞭解有限，一時之間也無法給學生好的建議，也無力做些什麼，只能將當下的感覺對學生說：

至少你現在知道你還是很愛父親，你沒有放棄希望，對不對？即使他還是會酗酒，你仍愛他，我相信，這對你父親而言，已經是非常大的支持了。

同學又湧出淚水，但臉上有著一絲的微笑，說她終於可以將這件事講出來，鬆了一口氣，很久以來覺得這是一件很羞恥的事，不敢對人提起，可是放在心裡壓力又好大。

幸福，從拂過的風裡意外竄出

在研究室與同學短暫對話之後，我對於她父親是否能戒酒，有點愛莫能助，無力幫忙，能做的就是減低眼前這位學生的焦慮痛苦。**與父親深度連結的學生，因為不希望父親被酒精控制，以斷絕對父親的愛希望能改變父親，但這個方法不但無法改變父親，自己也因為與父親之間的關係斷裂而痛苦。**我能做的僅是幫助學生疏通內在的矛盾兩難，即使父親酗酒，還是能保有對父親的愛，尊重父親的生活選擇，尊重父親尚無改變的動機與能力，內心就不會有過度的衝突撕裂。學生若能情緒穩定，專心學習發展自己，自然能幫助父親。隔週，這位同學的課堂心得報告寫說：

這次上課，我被自己的「勇敢」嚇到了！當我們談論到生活周遭是否有出現很「阿Q」的人，一種自我麻醉而不能夠正視自己、面對現實的人，當下我很直接聯想到家父。雖然我也在猶豫要不要說出來，但這「疙瘩」在心底太久了，我從一開始的羞愧與煩躁↓眼不見為淨的逃避↓冷漠或忽視↓在愛的驅使下認為是時候該面對了↓然後是，無從做起的矛盾與焦慮。我受夠了這個議題在我心裡拔河，於是我選擇說出來，因為我相信人只有在察覺到自己的問題意識時，所發出的呼救是最迫切也最有效，我也好希望他（父親）能夠趕快察覺到自己的行為讓周遭的人難受。因此，我很感動同學們的傾聽與腦力激盪，也感謝老師課後的關心，而我也要開始做出行動。

學生的心得報告很觸動我，不但放下了對她的擔心，也很敬佩她的深度自我分析與轉化能力。學生需要的只是被理解、被接納。她不認同父親酗酒，但也不必以父親為恥，自己跟著畏縮自卑，以致於失去與父親之間的連結，阻止自己對父親的愛。**與父親、母親之間的連結，是發展所有親密關係的地基根源**，我們經常因為對父母行為不認同而影響了關係品質，也影響了自身的價值感，搞得與自己的關係也很緊張。與自己關係不好，就很難與他人建立信任的親密關係，這是連鎖反應。這位同學後來上課時更積極參與討論，與同學之間關係越來越親密，已經不在意同學知道她的父親酗酒。

寫到這裡，正在咖啡店打字的我，覺得這樣的教學、這樣與學生互動很美好。還好，因為寫，才比較看清這一切發生的事，好像天晴霧開的清明與安心。

這天，在咖啡店寫累了，沿著公園樹蔭慢慢走回家，淡淡的三月天，太陽已發揮熱力，小徑兩旁種的是七里香與高大的黃金阿勃勒，有風的午後，吹散我身上濃濃的咖啡味。四面八方傳來濃密樹葉的廝磨聲，風裡混著新生綠葉的味道，吸氣吐氣幾回，大頭、眼睛、鼻子、牙齒、嘴唇、臉頰都放鬆了。原來人生是這麼一回事，幸福雖然輕易在烈日下蒸發，卻也能從拂過的一陣風裡意外竄出。

如何自我改變？

《被討厭的勇氣》裡哲學家說：「改變的第一步是要先知道」，但上課時有學生卻冷冷地說：「知道有什麼用，明知道要用功讀書，就是讀不下去，明知道時間管理很重要，就是會把事情拖到最後一分鐘，快要來不及了才做，而且一次又一次，不會改變。」我喜歡學生的坦率，很能理解學生的感覺，因為自己也差不多，知道一堆應該如何如何的道理，但真正能去實踐的，僅是其中一二。

與哲學家對話的年輕人認識一位讓他羨慕的Y同學，因為Y同學樂觀、開朗、健談、受人歡迎，他打心底想變成這樣的人。在哲學家的步步逼近之下，年輕人終於承認自己不幸福，承認討厭自己。哲學家表示，能夠抬頭挺胸說出「喜歡自己」的人，大概沒幾個。這我同意，我教了十多年心理衛生，讀過很多學生的學習心得報告，不喜歡自己，討厭自己，是非常普遍的情緒狀態，幾乎每個人都有某種程度的自卑感。但是，我發現**能知道自己討厭自己，承認自己討厭自己，而不是藉著討厭別人來逃避自己的自卑，這種有深度的自我覺察、有自知之明的人並不多。**

藏鏡人只要曝光，就會失去控制力量

討厭自己其實比被他人討厭更難受，因為討厭自己是無時無刻地跟隨自己，就像自己的身影一樣，日夜相隨，有時影子很大，有時很小，是一種密集性、緊緊黏住的長期壓迫，讓人瘋狂。但很多人就是不知道，那個黑影是自己，**當拚命要打擊黑影的過程，一不小心就會傷害影子周圍無辜的人。**

雖然覺察本身不代表接納，也不代表能改變，但一旦知道自己討厭自己，自卑就比較不容易像藏鏡人一樣在暗處操控，將自我厭惡無意識地投射到周圍人、事、物，讓生存環境變得草木皆兵，製造出一個又一個的敵人。藏鏡人只要一曝光，就會暴露其庸俗平凡的面貌，自然會失去控制的力量。

所以，我是認同知識的力量，但我並不認為「改變」與「知道」之間有線性的因果關係，也就是改變的第一步有很多答案、很多可能，不一定是「先知道」，條條大路通羅馬，路不會僅有一條。就像討論「現在的我是不是被過去所發生的事所決定？」這個問題本身，其實是很弔詭、讓人困惑的問題，老哲學家說不是，年輕人卻堅持是。我是贊同年輕人的看法，今日的我，必定與所有過去發生的事情密切相關，即使是一件小小的事情。只不過哲學家很厲害，輕易舉一個例子就讓年輕人啞口無言，看來年輕人的邏輯要多訓練。

哲學家舉的例子表面上很有說服力，他說並非所有被父母凌虐長大的人都會社會適應不良、把自己關在家裡不出去，所以過去的創傷並不能決定現在的你。年輕人聽了竟然就不知如何回應，這書裡的年輕人太遜了，沒有一點反擊能力。

哲學家的舉例的確是有實證根據的，許多兒童時期被霸凌或被虐待的人，長大之後社會適應良好，也很有同理心，能與他人互動，建立親密關係與人際網路。但此論述有一個陷阱，年輕人沒有發現，被哲學家逃過了。這問題的關鍵在於有同樣創傷的人——例如同樣是被霸凌的人——本身就有很大的差異，**有不一樣的生命經驗，接觸過不同的人，擁有不一樣的資源，而且創傷型態也都不一樣，因此，創傷的影響力也會不一樣。除了社會支持系統不同，人的智力能力，人格特質，基因組合都不相等，致使遇**

到同樣的事情，處理問題的能力與態度就會有不同，最後結果當然會有很多差異。

每一個人過去發生的事情實在太多了，每一分鐘，每一秒鐘，無論身體本身或外在環境都在變化，人的五官不斷感知吸收外在訊息，所具有的保護因子人人有異，這樣的動態過程，致使沒有任何人會有一模一樣的過去或相同的未來。一個人過去發生的事情，遇到的人，數不盡想不清，僅有很小的部份能留存在可察覺的記憶裡，大部份都忘了或留在潛意識裡。人體的構造非常神秘，存在的環境更是千變萬化，所以，**父母師長實在不應該指責自己的小孩或學生說：誰誰誰可以，你為何不行？每個人的存在條件就是不一樣，無從比較。**

要成為怎樣的我，自己絕對是可以參與的

因此，過去發生的事，決定現在的自己並沒有錯，只是要記得，過去發生的事情無限多，而且每個人的經歷一定有差異，即使是雙胞胎。但，既然我們被過去的生命經驗所決定，同學問：「這不是宿命論嗎？」那改變是可能的嗎？「當然可能」我篤定大聲地回答。人的生命非常奧妙，絕不是單純被動、被決定、被操縱、被控制。**人能反思，**

能記憶，有文字累積知識與前人經驗，能推理因果關係，發明新的事物，創造新的環境格局。如果一個人願意學習，願意思考研究，願意反思，創造當下的經驗，當然就掌握了改變的可能性。譬如有一位同學在上課中分享說：

母親的影響力對我來說實在很大，小時候曾經想進音樂班，但因為媽媽一句「應該不行啦，你是音癡」而打退堂鼓。母親那麼愛我，她是不可能想傷害我的，但是她說的話確確實實深深刺傷了我。原來，好人也是會傷害人的。

我到國中都不敢唱歌，而高中被逼上台表演後，才漸漸敢開口，直到大學才忽然覺得就算唱得再難聽，唱歌仍是一件快樂的事，但是在唱歌的同時，母親的那句話還是會在腦海浮現。其實直到現在，母親對我的影響力仍是很大，拚命想要擺脫母親束縛同時，我仍是那深深渴望母愛、想要母親稱讚的孩子。

雖然母親對小孩沒信心，曾說出重話傷害，但經過多年，這位同學最後還是有機會感覺到唱歌是一件快樂的事。所以，這是怎麼發生的？

問題的關鍵是影響這位同學對唱歌感受的人，不僅是母親，還有之後學校的同學老師們、她自己的經驗與獨立思考判斷、以及唱歌本身就是能抒發情感，讓心肺血脈通暢，大腦放鬆，唱歌具有讓人快樂的本質。無知的**母親以音色作為可不可以唱歌的評斷標準，但學生是唱歌的主體，有追求快樂、生機盎然的內在需求**，這兩股力量交戰多年，學生終於從一次又一次的覺察與體驗過程，慢慢找到自己的主導權，突破母親製造的障礙。而學生的改變也更可能回頭影響母親，改變母親之前的認知。因此，**過去發生的所有事情，包括與生俱來天賦能力與性情，的確造就了今日的我，但是，下一刻的我，要成為怎樣的我，自己絕對是可以參與的。**

滿足他人的期望很輕鬆嗎？

一位同學的報告寫說，當他讀到書裡哲學家問年輕人：「滿足他人的期望過日子應該很輕鬆吧，因為你將自己的人生全部都託付給別人」，他有種被一槍擊中的感覺。

這位同學回想自己的求學過程，補習、考試、選志願等，表面上是自己的選擇，但背後是尋求他人的認同，曾為瞭解題目而認真求學，後來卻好像為讀書而讀書，迎合周邊的人，不能為自己的人生負責。

說真的，我有點替同學抱屈，不同意哲學家的話，我並不覺得滿足他人的期望過日子很輕鬆，這做起來一點也不容易，我相信哲學家在說反話，是要刺激這位年輕人。班上有一位同學因為打工時的一點點疏忽而很挫折，週誌寫說：

連一件小事都做不好，覺得自己很沒用，害怕其他人覺得我是一個沒有責任心的人，害怕他們不認同我的能力。過了很久，我發現我的不開心和緊張，其實來自於我的「自我中心」，完全只在乎「別人如何看我」，其實只是為別人而活，我的生活方式是很不自由的。

同學的內省能力很強，他看見了別人對他的影響力，也看見自己不快樂與緊張情緒的來源。

內在裡被遺棄的小孩

滿足他人期望的過程中，被壓抑的自我——包括想法、欲望、喜歡做的事、以及需求等——並不會因此而消失。而且，因為無法做自己，對於他人期待會產生抗拒、厭惡、與敵意等負面情緒，甚至產生反社會行為。**被抑制的自己隨時會在生活的某個角落竄出，或在夜深人靜時，在午夜夢迴時呼叫吶喊，像是被我們遺棄的小孩，不曾被超渡的孤魂野鬼，不時來討債，不會輕易放過我們。**若不正視與面對被忽略或壓迫的部份，內心將永遠處於衝突矛盾狀態。此外，如果正在走的這條路並非自己真正的選擇，真正的興趣，沒有內在自發的泉源，是無法維持源源不絕的動力，事情很難做得好，路無法走遠。

迎合別人的期待，表面上很輕鬆，因為一時之間不需要繼續與眼前有權力、有影響力的人對抗衝突，而且萬一發生問題，都是別人的錯，不是自己的錯。如另一位同學期中報告寫說：

我一直被教育的都是做「父母期望的自己」，小時候所有的東西都被安排好，所以一直都沒有覺得自己究竟喜歡的是什麼。

過了幾週之後，他又寫說：

這週發生了一些事情，我媽媽有指出，說我會在事情發生時，把所有的煩躁情緒撒在我身邊親近的人身上。

這位同學因為修心理衛生課程，開始反思自己人生，也希望他的媽媽有一天也能察覺，當一直為小孩安排所有事情，要求小孩照著自己的期待去做，只要出了問題，小孩當然不覺得要負責，都是別人的錯，因為是媽媽要他去做的。期末報告時，這位同學寫說：

在這學期的學習當中，我學到最重要的一個內容就是自我覺察，把自己的痛苦客體化去覺察。比如，我之前覺得自己沒有被自己的壞情緒困擾過，漸漸地發現原來自己是有壞情緒的，只是在遇到懷情緒時，我會把自己的壞情緒加給別人。沒有人有義務來承受我的負面情緒，我要做的應該就是活出我自己生命的意義，面對自己的問題，而不是逃避自己。

同學有這樣的覺悟，再一次證明，無論過去的經驗是什麼，只要有適當的機緣，人還是有反思能力的，可以決定要不要改變，不是完全被過去決定了。不過，一時的領悟不表示未來不會再遷怒他人，因為改變一個習慣需要時間，需要一次又一次的覺察與練習。

傾聽有益，決定在己

在課堂上我們討論分析，情緒糟時怪罪別人有用嗎？誰的錯重要嗎？一旦路走歪了，走錯了，人生很糟了，這時候還是得自己去承擔後果，別人絕對無法替自己經歷這過程，想幫也是有限。何況，**每個人一生中遇到的「別人」不勝枚舉，包括父母、兄弟姊妹、親戚、同學、朋友、伴侶、師長、上司等等，這些人的價值觀可能都不太一樣，有不同的價值觀，我們要滿足誰的？**光想到要協調這些人的想法與價值就很痛苦了。因此，滿足他人的期望過日子，其實一點也不輕鬆，風險蠻高的。

那到底要怎樣？不要滿足他人的期望就比較容易嗎？活在與他人相互依存的社會裡，不太可能不顧及他人的想法，尤其有些人可能也是好意，才會建議別人怎麼做，人生該怎麼走。**傾聽他人的意見是有益的，能增加自己的客觀思考能力，但同時要不斷傾聽自己，瞭解自己身體狀況、人格特質，自己擁有的資源與環境限制，以及不同於他人的需求，才有辦法判斷該走哪條路。**有些路別人走來輕鬆，自己未必適合，有些路少有人走，但就是適合自己。

別人的意見聽聽就好，畢竟他們無法陪自己一起去做不喜歡的工作。有關自己的學業生涯與婚姻對象，千萬要謹慎，長輩們無法替自己讀無聊乏味的書，無法代替自己與不喜歡的人一起吃飯睡覺、看不喜歡的電視節目。如果能牢牢記得，人生好壞，最後都是自己要承擔，就不會輕易把自己交給他人，甚至去滿足別人的期望。當然，這前提是，要慢慢**知道自己是誰，想過什麼樣的生活，有沒有具體的方法與行動，每日精進，不斷創造自己的存在，一磚一瓦打造堅固的內在城堡，才有能力防衛他人期待的侵入。**

如何拒絕別人不當要求？

二〇一五年大學部課程進入第六堂課時，同學紛紛提出人際關係問題。心理問題的根源經常離不開人際糾葛，多數人會因為被不公平對待而生氣、傷心、憤怒，例如面對父母偏心，不僅是憤怒，內心受傷很重，也會質疑自己的存在價值。或者，**當受到壓迫卻對被壓迫的處境無可奈何時，可能從原本的焦慮情緒逐漸轉變為無力感，更嚴重的情況就是憂鬱症纏身，自己傷害自己，或成為壓迫他人，攻擊弱勢者的反社會行為。**

人情世故處處暗藏玄機

有幾位同學問如何拒絕人情，不讓人情成為壓力？許多同學告訴我，他們很認同我上一篇書寫，真的覺得滿足別人的期待並不輕鬆，問題是，該怎樣拒絕別人又不會得罪別人，不破壞原來的關係？這真是很難回答的問題，牽涉的範圍很大，不容易具體化。他人的期待與要求千奇百怪，每一個處境都不太相同，必須個別評估，無法一言概之。人很難離開群體，彼此相互依賴生存，因此既要維持關係又要實誠做自己是相當大的考驗，**人際互動能力是事業也是一種藝術，是不間斷地體驗、練習與反思而練就的能力**，人情世故處處暗藏玄機。

有一位同學舉朋友A的故事，引發大家熱烈討論。A即將大學畢業要繼續攻讀研究所，因為找不到室友而選擇住宿親戚家，親戚不收房租，但要求A幫小孩補習。不久，親戚看到自己小孩成績進步了，擅自將朋友的小孩也找來，要A也幫這些小朋友一起補習；不收錢，也沒經過A的允許。A心裡不舒服，但因為自己寄人籬下，又是親戚，無法撕破臉，同學幫A詢問，遇到這樣的情況該怎麼辦？

我先問在場同學，如果自己是A會怎麼做？有同學說搬出去，不要住在親戚家，有些人也跟著點頭表示認同。遇到不舒服的人際關係，「結束關係」是一種普遍性的抉擇，但問題來了，提問的同學說「A不敢一個人在外面住」。前幾堂課討論過，改變是有風險的，雖然對現狀不滿意，但也不知道離開現狀未來會不會更好，因而無法改變。

看不見的相互依存與情感糾結

這讓我想起，從事家暴防治領域的實務社工經常問我，為何許多家暴受害者不願意離開伴侶，一年又一年繼續待在受暴環境，他們難以理解家暴受害者的心態。我曾研究此議題，訪問一些受暴女性，有些人指出，先生只有在生氣喝酒時情緒會失控打人，其他時候還是不錯的，會賺錢養家，也會愛護妻子兒女，還是有一些優點，而且他們也不希望小孩沒有一個完整的家庭。

因此，社工員應理解，**即使是一個不愉快的關係，也有很多的相互依存與情感糾結**，受暴者或許仍依賴伴侶的經濟收入與情感的依戀；在意社會與家人朋友的觀感以及擔心小孩的未來；不確定離開之後生活是不是會比較好。所以，即使受暴者選擇留在受暴的關係裡，他們也是在盤算怎樣做最好，最有利於他們的生存，並非如我們想像的不理性，社工員應避免強加自己的價值觀在受暴者身上，或對不願意離開衝突關係的受暴者持負面評價。

我們能協助的是，提供更多的資源與訊息，讓受暴者能更清楚看見所處環境，以及不斷增強受暴者的內在力量與外在資源，平衡與施暴者間的權力關係，讓他們有更多的

選擇，而不是幫他們做選擇。

上述這位A朋友不知道如何拒絕親戚對他的要求，因為是近親不想撕破臉。但真實的情況是，親戚讓A不舒服，關係已經有了裂痕。一開始，A幫親戚小孩補習，覺得還合理，因為親戚不收房租，這個階段的關係是平衡互惠的。但當親戚未經過A的同意，就擅自邀請幾位朋友的小孩要A幫忙補習，這已經超出了A的界線。親戚並沒有尊重A，將A當作可以擅自指揮的員工，這是一種由上對下的縱向關係，不但讓A有寄人籬下的不舒服，也完全破壞了當初不收費借宿的美意。但A無法表達他的不舒服，而且替一群小朋友補習，時間與壓力都增加，A覺得自己被剝削了。

從親戚的觀點，或許覺得這是A應盡的義務。礙於社會規範，親戚不好意思向近親關係的A明算帳收房租；然而家裡多住一個人，各方面開銷都會增加，而且這空間若租給其他學生，還有收入的。面對「錢」，親戚還沒有能力發自內心的慷慨，就想出這樣的方式來平衡。也或許親戚僅是單純地看到A的功課很好，又有能力教導小孩功課，因此，想讓更多朋友的小孩受益，卻沒顧慮到A的感受。我沒有足夠的訊息判斷親戚背後的動機，不能評斷。

只是，親戚的行為已經讓A不舒服，A又因為不敢一個人搬出去外面住而陷於兩難，這個例子證實天下沒有白吃午餐。而且有一句閩南話俗語說：「免錢耶尚貴！」（不用錢的東西最昂貴），明白道出一個小小的免費人情，有時候會被糾纏一輩子也還不完。

「錢」是人際糾葛的導火線，燃點非常低。俗話說，即使是親兄弟也要明算帳，就是警戒世人，面對「錢」事大意不得。多數人「錢」來不易，許多人都曾經被「錢」所困。因為沒錢無法追求自己的夢想；因為沒錢買不起自己想要的東西；因為沒錢必須勉強自己做不喜歡的工作，低聲下氣忍辱負重；因為沒錢必須住在危險又不舒服的地方。對許多人而言，錢是天大地大，攸關生死。「錢」可以買到的東西實在太多了，也因此大家都愛錢，在「錢」面前很多人不知不覺六親不認，甚至違背自己良知，做出傷天害理的行為。

比較麻煩的是，有些人相當在意錢或為錢所苦，對貧窮有著強烈的自卑，反而沒勇氣承認愛錢或需要錢，甚至會啟動反向的防衛機制，不屑地說：「我不在乎錢，錢只要夠用就好。」這類型的人，以貶抑錢的價值。來掩藏自己對錢又愛又恨的矛盾心情。若仔細觀察這些人的行為，並非真的不在意錢，潛意識裡反而相當在意錢。因此，面對人際關係要特別謹慎「錢」事，**更要注意人經常會有言行不一的防衛機制，但他們自己不一定能察覺，要小心別被表面的說詞蒙蔽而踩到地雷。若能誠實面對自己，深入覺察自**

己潛藏思緒，自然能洞察他人心思。

坦誠溝通・等待時機

社會上所有的關係，無論是夫妻、親子、朋友、戀人等，都存在某種程度的理性交換與互惠，當彼此之間的互惠關係失去平衡時，關係的品質就會受影響。無奈的是，多數人都需要關係，一個人過日子不但孤單，很難克服寂寞的侵襲，而且也比較有身心風險。例如女性獨居，很沒有安全感，而對男性而言，獨居則不利於生存，已有研究報導，男性未婚獨居壽命比較短。人際關係很重要，關係的質與量影響人的生存與幸福感。有些不愉快的關係，可以輕易揮手說再見，但是有些關係是無法說再見的，特別是與親人之間，或是和自己所愛的人。

在親戚家寄住的A同學，先要有自知之明，誠實地評估自己的處境需求，一方面努力去同理親戚的矛盾心理，仔細觀察自己與親戚同住有沒有造成親戚的負擔。**人會言不由衷，內在真正的感受不一定會表達出來，但一定會不知不覺暴露在日常生活中，很難掩藏。**無論是逃避或正面協商談判，都有「撕破臉」的風險，但也可能有圓滿的結局。

人的一生總是在冒險，總是在談判協商，不可能一直聽別人的話，任人擺佈，也不可一直操控他人，要別人聽自己的。只要在關係中有壓迫、剝削、霸凌、扭曲的情況發生，就會產生焦慮、衝突與分裂，友好或親密關係很難持續。沒有人願意被不平等對待，只要有能力就會反抗。

因此，面對A的處境，理想的情況是真誠地與親戚溝通，一方面傾聽親戚的想法，為何這樣做，瞭解自己與親戚同住會不會造成親戚的困擾或負擔，同時也在適當時機表達自己的感受。**坦誠溝通不是撕破臉，而是勇敢療癒已經受傷的關係**。不過，這需要勇氣與智慧，現實中許多已經嚴重毀損的人際關係就是很難修復，人與人之間並非一定可以溝通，這時也只能認了，繼續等待時機。

在傷痛中待多久，才算心理衛生？

一位同學提問，遇到重大傷痛事件時，往往無法在第一時間復元，搞不好會在心中留下一道重重的傷痕；到底可以沉浸在那個傷痛中多久，才叫心理衛生呢？周遭的人鼓勵方式是：「你要堅強！」、「你要振作！」、「男兒有淚不輕彈！」，但這種方式，難過的情緒與悲傷就被限制住了，他認為情緒需要有一個出口，好好宣洩，心理會健康許多。學生的說法挺有道理，悲傷時能盡情地難過，盡情地流淚，情緒一旦有了出口，就比較不會繼續耽溺在悲傷裡。

不過，問我傷痛多久才算衛生，我就沒答案了。情境不同，個人特質與生命經歷不同，能悲傷多久才衛生，實在不可能有客觀的答案。有些人很悲傷，覺得這是個人的事，不特別隱藏，但也不會去問他人自己的悲傷是否健康衛生，給旁人有機會來評斷自己該怎麼感覺，萬一旁人好心來安慰不要悲傷，的確會有些困擾。不過也有人在悲傷時，若有適當的陪伴，能減低痛感。只是，多數人，包括我，都很不擅長陪伴別人悲傷，看到他人悲傷，自己也會跟著難過，尤其與自己關係越深的人，共感就越深。悲傷不但苦，也會讓生命失去熱情、活力、生機。我們不捨周圍的親友悲傷，也為了讓自己好過一點，自然就勸人別再悲傷，但結果經常適得其反。

面對失落，每個人的影響程度不同

所謂「沉浸」在悲傷中，表示整個人被傷痛淹沒，除了痛苦之外，什麼都不能做了，生命好像是隨著失去的東西也跟著死了。能量低，沒力氣，對什麼事情都沒興趣，甚至無感。面對任何失落，當有痛覺時其實也是療癒的開始。只是，同學問「沉浸」在傷痛中多久是可以被接受的、是符合心理衛生的，這假設了哀傷程度與長短有客觀的指標，但我並不覺得這能標準化。

讓人很悲傷的情境很多，通常源自各種不同形式的失落，包括友情破裂、失戀、喪親、或是自己身體得了重大疾病等。由於對同學們的近況有些瞭解，我假設這位同學所指的重大傷痛是愛情的失落，一般人應該不會去安慰一個失去至親的人說：「男兒有淚不輕彈！」，失去親人的悲傷在這社會上不但是允許的，有時甚至被鼓勵、被要求，這時不悲傷流淚反而被指責無情無義。所以我將失親與失戀兩種不同的失落分開，先來討論失戀的痛苦。

同樣的失落對每個人的影響程度不同，失去戀情的傷痛也是，就看失戀的人對這份戀情的依賴程度。人因為被愛被欣賞而增加自我價值感，因為被貶抑否定而自卑。熱烈的愛情能快速讓人覺得有價值、肯定自己，減低可怕的孤單感。但愛情的強度總是快速褪去，可能因為人天生的喜新厭舊、可能我們無法長久處在激情中、可能相愛容易相處難，或者人生無常，即使深深相愛也得面臨生死別離，有各種不同原因讓人失去愛情。

因此，將自身的價值、自我肯定、存在理由等，與愛情緊緊連結在一起的人，風險特別大，失去愛情如天崩地裂，一時之間大概很難站起來。若是因為一方激情褪去，被遺棄的一方，從**強烈的悲傷中可能產生攻擊的防衛機制，以毀滅自己的方式，來強化對方的罪惡感，也可能攻擊對方彼此毀滅**。在大學教書十多年，經常看見學生陷入情傷，以自殘或傷害對方的方式因應失戀的痛，這是我比較擔心的狀況。

在激烈的愛情中，人的確會不知不覺將自己與他者綁在一起，因對方的強壯而享受那份依賴，不知不覺藉著對方的腳走路，慢慢失去了自己。但是，當另一方覺得沉重、不方便或不自由了，不想繼續這樣子互相綑綁，或者因為負荷不了而不得不離開，這時候，依賴的這方會突然間不知道怎麼靠自己的力量走路。但只要仔細看著自己的雙腳，就會發現還是完好的，只是太久沒用自己的腳走路，有點萎縮，僅需一點輔助慢慢練習，不斷腳踩實地移動，肌肉就會長出來。

某些愛情的失落，並非人際背叛，不是喜新厭舊，而是生離死別的哀慟，失去愛的對象也失去被愛，深愛的流動突然從生命中抽離，會讓人想跟著戀人一起死去。我年輕的時候，目睹所愛的人在病痛中受苦煎熬，自己無法健康快樂地活著，是同感也是義氣，覺得與所愛的人同悲同苦犧牲自我是神聖情操、是忠誠，直到過了半百，這些情緒與意識形態才比較鬆動，回頭為自己的生命負責，有意識地關注自身這個生命體，發展自己與自己的關係。曾經覺得不完整、總覺得少了什麼的自己，因為有了愛情而不同，從他人對己完全的愛，以及自己也全心全意愛對方，而覺得生命圓滿。然而人生無常，他人不得不離去，得經過一二十年才漸漸發現，其實也能靠己之力，逐步將分裂的自己整合，將失去的一片一片補回。這過程實在有點長，或許我的資質比較差，領悟慢。

尊重悲傷、接納悲傷

愛是生命活水，沒有了愛，什麼也不是，好像生命活水乾枯一般。父母、伴侶、子女之愛最是強烈，是活水源頭。然而，個體化發展，**對自己本身的愛，其實更是取之不竭，用之不盡的心靈活水**。只是遺憾的是，如何探尋個人內在活水能量，在我們的社會是被忽略的。二十多年前我開始學習靜坐，讓自己身心安定下來。體驗到若能安靜地坐穩坐好，就能感覺到存在的愉悅，覺得自己被愛被祝福。這時刻的我，與周圍的一切有了連結，一種無條件的愛在我與他者之間穿梭，我感恩一切，由衷為天地萬物祈福。有著這種體驗之後，慢慢發現專注、安靜地從事普通的日常活動，不一定要靜坐，也會有這種感覺，即使是獨處，也不覺得自己是孤單一人。但這也是要常練習的，因為悲傷的力量非常巨大，一不小心就會襲擊，進而攻城掠地。

減緩悲傷之痛最好的方法是發現新的連結，恢復愛的感覺。有些人生命活水的源頭好幾個，可能同時與家人、愛人、朋友、工作、以及與自己之間，都有親密的互動，比較能承受不得不面對的失落。有時，所失落的是無可取代，就留一些空間時間與悲傷共處也無妨，**存活於世，本是日升日落，生死交錯**。

有同學問，那悲傷要不要治療？我想這得看狀況，如果因悲傷而不能吃，不能睡，不能正常工作一段比較長的時間，影響了身體，影響了工作，影響了人際，那可能是很深的受傷，需要療傷的。但基本上，我並不覺得悲傷是病態，無須刻意去治療。**悲傷是人類情感的一部份，應該尊重與接納，不應強制摒除或壓抑，讓悲傷自由，靜靜地陪伴等待，也許是比較好的對待。悲傷者會慢慢看見自己的生命在呼喚他的注意，也終會看見周圍很多生命在對他招手。**

沒有人喜歡被決定應該悲傷的程度、應該悲傷的時間，感覺是不能勉強的，就像我們不能要求他人的愛一樣，也無法強迫自己去愛不喜歡的人。感覺本身是有其主體性的，每個人也都有主觀感覺，與他人不盡相同，最好還是多尊重自己，別問別人怎麼想，而陪伴的人也要識相一點，避免以建議或要求的語氣企圖止住他人的悲傷。

奮力活著，幾乎是所有生命的本質，只要安靜下來，就可以感覺到脈搏的跳動，胃的飢餓感，渴望新鮮空氣的心肺，喜歡走路的雙腳，很想出任務的完美雙手，好奇愛思考的聰明大腦。悲傷的時刻，或許一時間無法與人連結，卻可能與天空雲彩、日月星辰、動物、花草、風聲雨聲、香氣、食物的味道、夢境等產生親密的連結，就像植物的根自然往水源處伸展，朝向著太陽長高一樣，旁人只要在一旁溫柔等待守候，無須介入太多。

不要有情緒，就不會被情緒綁架？

學期接近尾聲，讀同學的期末報告時，想起開學第一堂課同學分享對課程的期待時，有人說他們想要瞭解自己的情緒，要當情緒的主人，不要當情緒的奴隸，更不要被情緒綁架。我欣賞這些同學將情緒客體化的能力，看見情緒並非全部的自己，有能力與情緒保持一點距離。

然而，當進一步討論怎麼做才不被情緒綁架時，有一位同學很權威地說：「最好不要有情緒，因為情緒很危險。」我心想，這好像不要有愛就不會受傷，或者不要吃飯就不會噎到一樣不可能。情緒有它的主體性，自來自去，比愛情更難捉摸，情緒如同肚子會餓，身體會累，每天會想睡覺般，會無止境地重複出現。情緒是我們生命的一部份，一種天生賦予的能力，是身心平衡的調節機制，是提前取得資訊，預知風險，增強我們生存機會的天線。**不要有情緒升起，就像要求皮膚不要有冷、熱、痛覺一樣不可能。我們能努力的是學習如何與情緒互動，瞭解情緒要傳達給我們的訊息。**

但是，在課堂上我忍住內心的想法沒說出來，想激發更多同學之間的對話，我的經驗告訴我，如果我不要急著好為人師，急著傳遞我的想法，急著評論說教，讓學生有機會發言，通常只要經過一些時間的討論，我的某些看法或書本裡的論述就會在同學的對話過程中逐漸出現。果然，一位來自中國的交換生立刻反駁說：「沒有了情緒，生活平平淡淡，像機器人，多乏味！」她直截了當，字正腔圓繞舌的普通話裡，流露出不以為然的語氣，如一支箭直直有力射出。

我擔心剛剛提出不要有情緒的同學因被比喻為機器人而受挫，想給他機會回應，轉而問他，能否進一步說明為何認為最好不要有情緒？情緒如何地危險？結果同學指的是不要有負面的情緒，因為會讓人行為失控。

負向情緒也有正向功能

情緒的確會影響身體變化產生無法克制的行動，譬如悲傷難過而當眾痛哭，對很多男性而言並不光彩；或者有時憤怒失控而攻擊人，造成人際關係破裂；極度痛苦時，也可能出現傷害自己的行為。而當情緒過後，會發現自己的行為不太恰當，或已經傷了自己，傷了別人，很難彌補，這讓人害怕情緒升起。不過，情緒內涵很豐富，除了負面情緒外，也有讓人舒服的情緒，如快樂、歡喜、興奮、感恩、愛，希望感等。我們習慣將情緒簡單歸類為正向情緒與負向情緒，但是，即使負向情緒也有正向的功能，對我們生存還是有保護作用。

好比焦慮會讓人提前準備，讓事情做得更好，也讓人產生警覺性，避開危險的情境，幫助人因應生活。而所謂正向情緒其實也會有負面的功能，例如「得意忘形」、「樂極生悲」、「驕兵必敗」，這些耳熟能詳的成語清楚告訴我們處於興奮快樂的時刻，很容易忽略周圍危險，或是失去規矩，言行不當而傷己傷人。成語的產生，來自日積月累的人類經驗法則，是有根據的。所以，舒服或不舒服的情緒都有其功能，以正向或負向來評斷情緒，不太公平。

經過一學期的課程之後，這位在開學時認為人最好不要有情緒的同學，期末的報告寫說：

過去我常認為，面對生活的挑戰、困難、人們要懂得收拾自己的情緒，保持專注力，而非時時關注自己的痛苦，……我漸漸發現，越是包藏情緒、隱藏痛苦，它總會在某個時間點爆發，吞沒內心的安定。……我一直認為自己的內心已經足夠堅強，能不受外在事物與過去的痛苦所困擾。然而，隱藏於內心的傷痛就如同影子，偷偷跟隨著我，只要偶有太陽照射，陰影就會出現……

這學期經過心理衛生課堂中大家的分享、討論、甚至質疑，我漸漸察覺，我內心似乎不是那麼平靜，應該說靠著保持理智清醒的情況，壓抑那種縈繞內心的痛楚。當理智消失，我就會表露一些平時隱藏內心的脆弱與恐懼。

我害怕面對自己的問題，我不敢去處理傷痛。……隨著心理衛生課程的聽課與大家分享自己的故事、他人質疑，我發覺自己似乎利用外表的堅定掩蓋渺小而殘破之內心狀態，就如同挖掘一個大坑洞將痛處埋入其中，然後填平坑洞。外表看似平坦，其下卻充斥怨恨、痛苦、不滿、眼淚……，各種出自傷痛的負面感受。

學生能在短短一學期對自己有這樣深入的觀察剖析，真了不起。大多數人應該都體會過情緒的威力，無論來自他人或自己。情緒有時如狂風暴雨，把人打得東倒西歪，但是，生活環境需要風，讓空氣維持新鮮；需要雨，萬物才能有生機，還是想想怎樣與風雨相處比較務實。

認識不舒服情緒與潛意識的詭計

不舒服的情緒有多種類型，源起各有其因。例如，悲傷源自失落，失去友情、愛情、親情、失去心愛的東西或錢財，失去青春、健康、容貌等；甚至有人看到美景不在，例如花落夕陽也會悲傷，感傷生命萬物無常。焦慮害怕的情緒，可能來自預期性的失落，來自擔心無法承擔即將而來的責任與挑戰。憤怒生氣則經常來自被不公平的對待、歧視、貶抑、扭曲、剝削、霸凌等處境，也來自對自己的失望，做不到想做的事等。

不過，許多時候，我們不太知道為何心情低落，為何憂鬱，為何焦慮。同學常告訴我說：「老師，我不知道為什麼莫名其妙地，心情就是很糟，很難過，活得很痛苦。」事實上，我發現我也常不自覺對著聽不懂中文的先生說："I don't know why I am so depressed!"（我不知道為什麼我這麼沮喪？），但話一出口，就覺得自己一定要積極做點什麼，來改變這樣的狀態，不能耍賴，簡單地用「不知道」來推卸自救的責任。事實上，**只要將自己的情緒稍微當作客體來觀察分析，就會發現情緒糟其實是有些基本的因素或發展模式**。

自己，可能是敵人，也可以是最忠實的盟友

人要好好地存活於世間並不容易，無論是來自富貴之家或是窮鄉僻壤，某種程度都得符合他人的期待。一旦無法達成他人或自己設定的目標，會對自己失望、生氣、厭惡、甚至敵意，不知不覺就會攻擊自己，懲罰自己，然後對自己越來越嚴厲。從**「自我管理」到「自我壓迫」之間，僅僅是一片薄薄的牆，很容易打破**。聽過很多學生說：「最大的敵人其實是自己」，某種程度我認同，因為他人對自己的壓迫有一定的時間與空間限制，逃脫機會很大，但是當「自己」成為自己的壓迫者時，就無處逃了，連晚上睡覺都會跟著，很難擺脫。但我也不完全認同，因為自己可能是敵人，卻也可能是最忠實可靠的盟友，就看怎麼認識自己，怎麼經營與自己的關係了。

情緒也會受身體狀態的影響，有同學說：「不知為什麼，一個月中總有幾天不快

樂？特別是經期的前幾天。」賀爾蒙的變化會影響情緒已被證實，或者當血液循環不好，氧氣不足時，心情也會特別煩躁、焦慮不安。如果能跟著身體的需求，暫停正在進行的活動，好好休息，像禪師說的，餓了就吃，累了就睡，比較不會引發不舒服的情緒。只是，很多時候大腦的「意志力」會凌駕身體的警示，例如想多看一點電視，或不得不工作而熬夜，身體與大腦開始衝突，各種不舒服的情緒就隨之蜂擁而來，這些情緒其實能阻止我們繼續剝削身體，**情緒是生存的重要調節機制**。

如何比較「安全健康」地與情緒共處，特別是不舒服的情緒，一直是心理衛生課堂上經常被學生提出的議題。由於情緒能協助偵測身體與心靈狀態是否健康，偵測外面周圍環境是否安全，就像身體不舒服會發高燒，是身體的抗體正在打仗的外顯症狀，讓我們清楚知道身體有狀況，若要退燒，必須要更進一步去查哪個環節、哪個器官出了問題才能根治，而非壓抑發燒本身。因此，面對不舒服的情緒，若採用否認、逃避、強力壓抑、甚至用藥物排除方式，不但要花很大力氣去與情緒對抗，更會掩滅了問題成因的線索，無法根本解決，讓問題越來越糟。**比較健康的態度應該是調整對情緒的負面評價，讓情緒成為適應生存的夥伴，而非對立的關係。**

無奈的是，不舒服的情緒在我們尚未察覺之前，就可能引發不太健康的防衛機制，

如貶抑、壓抑、說謊、自我欺瞞、合理化等。而當情緒能量被壓抑到達一定張力時，身體就必須釋放這些能量，否則難以繼續正常生活，所以**被壓抑的情緒並不會真的消失不見，而是以各種不同迂迴的形式呈現。**精神分析理論強調**「壓抑」是各種精神疾病的重要根源，因為被壓抑的欲望或感覺一旦從意識中引退，在潛意識轉化為驅力或衝動的發展，會比在意識中更有爆發力。**我在二〇〇二年翻譯《佛洛伊德與偽記憶症候群》這本書時，對佛洛伊德說過的一句話印象深刻，他說：

> 壓抑所產生的驅力，在潛意識中持續的增殖擴散，將以非常極端的形式表達。內在的心理衝突或情緒之間的敵對，可能導致精神官能症或歇斯底里症，情緒壓抑所產生的扭曲行為，影響的範圍不僅是個人的精神衛生，更危險的是傷害身旁的人，甚至整個社會經常付出慘痛的代價。

另一種與壓抑相反的面對情緒方式，是放任自己沉溺在情緒泥沼裡，但弔詭的是，既然沉浸在痛苦、難過、傷心狀態中是不舒服的，為何人會一直沉溺在裡面出不來？我以小人之心投射兩個比較不健康的心態：**一是以自身痛苦當作勒索他人或攻擊的手**

段，若自己不夠痛苦，就無法顯現他人對自己的傷害有多大，自己越苦，就越能證明自己受害越深，他人的惡行也更大；**二是將痛苦當作逃避工作、課業、生活責任的藉口**，以止住他人的責難，只要遇到挫折，就可以回到傷痛中，作為失敗的藉口，讓傷口永遠留著，就可以永遠不必承擔，不必面對自己的無能。

傷己傷人的情緒勒索

我們有時候會利用情緒當工具來達到潛意識的目的，來掩飾對他人的敵意，成為一種被動式的攻擊。我在讀博班時，曾修「人格異常心理學」這門課，當時我對被動性攻擊人格（passive-aggressive personality disorder）相當有興趣，以此為期末報告的主題。有這種性格傾向的人，不會直接表達自己的不滿，而是以沉默、消極抵抗、敵意、酸言嘲諷、搞砸事情、甚至自我傷害等迂迴的方式攻擊不滿的對象。

這種西方人認為的異常人格，我在台灣卻經常看見，也許這與威權社會氛圍有關，特別是來自高度關注小孩，同時又強加自己的價值信念給小孩的管教方式，有人比喻這類型的管教方式為直昇機父母或師長，在孩子的上空不斷地盤旋，讓孩子透不過氣，無法發展獨立的自我。

小孩知道長輩愛他，卻無法滿足他們的高度要求時，只好以負面情緒、歸罪他人、生病、或自我傷害等類似情緒勒索的方式，來抵制或逃避他們的高壓控制，久而久之，就養成這樣的習慣面對挫折與周圍的不滿。其實很多人，包括我自己，多多少少都有這樣的習性，畢竟有幾個父母不曾強加自己的價值觀給小孩？有幾個老師不曾說教？有幾個握有權力的權威者不曾壓迫屬下？這些人，我們在成長的過程多少都會遇到，自己也會不知不覺感染一部份這樣的習性。

以攻擊自己來讓對方產生內疚感，或以痛苦來掩飾自己的錯誤、軟弱、無能，逃避真正的問題，這兩種策略不但對解決問題無益，而且自己很容易受傷生病，損人損己。然而，利用傷痛來達到控訴別人的目的，利用傷痛來逃避自己必須承擔的失敗，讓痛苦情緒成為攻擊與防衛的工具，這潛藏的動機其實不太容易被察覺。**有受害者情結的人，很難想像自己也可能正在傷害他人，很難承認自己正在攻擊對方，無法看見自己的暴力，也看不見自己對自己的暴力。**帶著工具性的目的浸泡在痛苦中，如慢性病，如溫水煮青蛙，不容易感受到立即的危機。若能勇敢分析面對自己，察覺拆穿自己潛意識的詭計，大概就不會想繼續活在痛苦中，畢竟誰會喜歡一直打針、吃藥、臥床。

如何與不舒服情緒共處？

與不舒服的情緒共處，我常用兩個方法：一是從自我反思覺察開始，看見自己的認知偏執，統合矛盾衝突；二是暫時擱置，轉移注意力，專注在喜歡做的事情，讓身體放鬆或產生愉悅感，融解不舒服的情緒。

西方臨床心理學擅長反思覺察方法，以科學的方法和態度，研究人的內在焦慮與衝突，分析問題原因，逐步與各種真實的自我靠近，進一步接納統合。例如：

(1) 改變認知謬誤或非理性偏執想法的「認知治療理論」。

(2) 穿透潛意識拆解防衛機制的「精神分析理論」，阿德勒的思想就是精神分析的一個學派，探討自己與他者的關係，自己與自己的關係。

(3)《活出意義來》的作者弗蘭克自創「意義治療學派」，教導人們如何將自身的痛苦客體化，觀察研究自己情緒，並去發現生命的價值意義，體驗愛，藉以增強痛苦的承受力。

(4) 以協助案主接納自己，並看見自己潛能優勢的「人本理論」。

(5) 認為焦慮大多源自死亡、不自由、孤獨、無意義感等四大基本議題的「存在心理治療學派」。

這些理論都強調透過自我覺察與認知能力，去化解壓力或不舒服的情緒，這也是我主要的學術訓練。我在教學與實務工作上，經常運用精神分析師歐曼設計的小團體工作方法，帶領許多人一起讀夢，見證讀夢能幫助個體深度自我看見，統整內在多元力量，毫不費力地覺察被忽略或壓抑的情緒，疏通內在衝突矛盾。

不要與大腦直接對抗

然而，許多人沒有反思或認識自己夢的能力，也沒有機會到大學修「心理衛生」相關課程，更沒有經濟能力去聘請專家學者或心理諮商師幫忙察覺情緒。此外，透過大腦的力量，努力反思覺察，有些時候也不見得能抒解情緒，我們的心境與身體不見得會聽命於大腦。因此，**我推薦另一種人人都能做到、隨處立即可行的方法。這個方法與「知」、「覺察」、「反思」這種動腦的方向相反，要練習的反而是停止思考，暫時將思緒擱置一旁**。但大腦也很頑固，不容易以命令的方式，強迫大腦不思考，不去感受情緒，或「要求」大腦要正向思考，這就是我們經常以「勸說」、「命令」、「說教」的方式企圖要改變他人行為，卻總是踢到鐵板的原因。因此，要繞個彎，**別與大腦直接對抗，藉著專注從事喜歡或具有挑戰性的活動，讓大腦無暇他顧，暫時脫離不舒服的情緒**。專注活動一段時間後，大腦自然會分泌令人愉悅的內腦啡，輕易地取代了原本不舒服的情緒。

讓大腦停止雜念，暫時擱置不舒服的情緒，這是可以藉由不斷練習而養成的能力，任何人都能學會。有些人僅是做簡單的活動就能讓自己專注，例如打掃、整理家務、做菜、游泳、散步、讀一本喜歡的書等，但功力尚淺或當不舒服的情緒非常強烈時，就得從事更艱難挑戰性的活動，如爬山、旅行、困難的工作任務等，讓注意力不得不集中。無論用什麼方法，只要能停止思考，停止與自己說話，觀察身體的移動與呼吸，全神貫注地從事一件自己喜歡的活動，專心地做，別讓念頭在腦海裡重複旋轉，不要自言自語，過一段時間，身體自然會慢慢處於愉悅舒暢的狀態。

在寫這篇文稿時，剛好收到《好事多商業生活雜誌》（2015夏，no 11）以書法家董陽孜為封面人物的這一期，正巧朋友送我一本她的字書，書法家的人生與日常生活令人好奇，於是翻開雜誌閱讀這段訪談，很喜歡她對記者說的這段話：

> 在我人生最低落的時候，我在幹嘛？我在我的工作室，我就把字拿出來，臨帖，完全讓我忘神，一坐下來，一下子時間就過了。假如有一天早上，讓我寫出來我要的東西，那是很快樂，真是很快樂。

真是巧合，這段話與我這一刻的書寫共鳴，這種「同時性」很奇妙，好像我心裡正在想的事，外面世界就自然與我呼應，讓我覺得一切都是相連的，我是走在對的路上，並非孤單地存在。書法家的現身說法，也完全證明了我向學生多次介紹的「心流」理論，快樂來自專注地工作、精進、成就感與創造。

每天創造一點「心流」經驗

所以，不舒服的情緒不一定是破壞性的，很可能成為培植自己生命厚度的重要動力，很多能實現自我的人，都曾有類似情緒轉化經驗，他們**善用情緒潛藏的豐沛能量**。一個人若沒有情緒反思察覺能力，生活中又沒有自己喜歡做、有能力做的事，那麼不舒服的情緒不但會成為他個人的負擔，整個社會也要一起付出代價——不是使自己胃潰瘍，就是將情緒轉移至他人身上，讓別人胃潰瘍。

不舒服情緒是行為動力，讓人意志堅強，因此面對情緒的態度不一定是要「管理」或「發洩」，我覺得比較恰當的名詞是抒解，**將情緒激出的能量轉化成利己利人的作為，就是情緒昇華，是比較正向的防衛機制**。情緒抒解沒有任何深奧理論，只要謙虛地去做，每天撥些時間，溫柔善待自己，讓身體放鬆，慢慢消融它，規律地做，就像每天一定得吃飯喝水一樣。

全心做好眼前的事情，每天有一點點「心流」的體驗，不但會大量減少不舒服情緒，也會比較快樂。許多可以承擔很多工作壓力的人，有成就的人，皆具有這樣的特質與能力，從專心一意的工作過程中，穿越生命的低潮，並獲得滿足與喜悅。總之，儘早發現自己喜歡做的事、能做的事，培養與不舒服情緒共處的能力，比較不會被情緒綁架，成為情緒的奴隸。

寫了幾篇情緒議題，才發現學生在學期一開始問如何成為情緒的主人，我一直都沒回答，好像視而不見，這問題一直被擱置一旁，現在才意識到，**我潛意識直覺這個問題本身就是個問題**，但也無法具體說出所以然，基本上**我不認同學生想成為情緒主人的企圖心**，但又不知如何反駁，自然地避而不答。寫到最後，原來道理就這麼簡單，**有了主人，就必定有奴隸，是對立的關係，奴隸可以成為物品，販賣或任意宰割拋棄，不是平等相互主體的關係。情緒絕對不會甘於奴隸，企圖成為情緒的主人，反而會激發更多不舒服的情緒，得不償失。**

活著就有價值？

課堂上，有些同學對參考教材裡的一句話「活著就有價值」，似乎半信半疑，認真地與大家討論這句話是不是真的，因為有時候就是感覺不到自己的價值，覺得這句話很空洞。我反問同學：「那剛出生的嬰兒不會走路，不會講話，不能工作，就躺著等人家餵食、洗澡、換尿布，嬰兒可能也說不出自己活著的價值，那嬰兒活著的價值是什麼？」

同學立刻快速回應我：「嬰兒帶給人希望感，嬰兒很天真可愛，帶給人快樂。」我有點意外，還沒當父母的年輕大學生，竟然很輕易就能看見嬰兒對家人與照顧者的貢獻，但看不見自己或許也是家人的希望。果然看他人擁有什麼比較容易，等到轉頭或低頭看自己，怎麼看都是局部，很難看見自己的全部。

嬰兒對多數人有不可抗拒的吸引力，雖然嬰兒不會說話，但嬰兒以臉部表情與肢體動作與人溝通，看到嬰兒純真地笑，周圍的人就跟著笑。天真的笑容本身對他人就是一種給予，一項禮物；發自內心的微笑，使人放鬆自在，感覺被接納與欣賞。而嬰兒顯著地成長變化，挑戰照顧者，讓周圍的人不會無聊，充滿驚喜，有成就感，給人明天會更好的希望感。此外，許多父母感覺小孩是自身生命的延展，減少了死亡焦慮。總之，嬰兒雖然是依賴者，但對於願意被依賴的人而言，卻很有存在的價值。

天真可愛、如其我是、誠實做自己、活力充沛、能哭能笑、努力發展成長、對世界好奇等，這些很吸引人的特質，許多成年人已經失去了大半，從嬰兒身上又看見了生命的美好，所以**嬰兒也能教育大人，幫忙找回失去的純真、活力、好奇、創意等生命本質**。即使是嬰兒最擅長的哭，也是很有價值。嬰兒不會說話，只能用哭來表達自己的不舒服與基本生理需求，大人從照顧嬰兒的過程，會覺得自己有用，這種完全被信任、被依賴本身就讓活著充滿意義。而嬰兒的脆弱讓照顧者由衷產生愛，發展愛的能力。

因此，嬰兒雖不事生產，但他們的存在能讓大人更有生產力，他們也證明，天真、可愛、無助、對人完全的信任依賴等特質本身就很有價值，不但能讓他人產生意義感，也能促進與他者之間的連結，建立親密關係。不過，這是從大人的角度看嬰兒，覺得嬰兒的存在很有意義和價值，所以多數成年人都想擁有小孩。那嬰兒本身的主觀感覺呢？他們主觀的感覺是什麼？他們會不會覺得自己是有價值的？人從幾歲開始會自我評價，覺得自己有價值或沒價值？人的自我評價又從哪裡來？

自卑感也可以是追求成就的動力

西方心理學對自我價值感（self-esteem）的發展非常有興趣，只要在心理學相關期刊檢索打入關鍵字self-esteem，就會發現數以萬計的相關研究，尤其是兒童心理學。每一個人的天資、能力、氣質、外表、以及身體健康程度都不一樣，影響了家人與周圍的人對自己的評價。從日常生活中，我們不斷接收到他人正向與負向的評價，例如美、醜、聰明、愚笨、勤勞、懶惰、整齊、邋遢、乾淨、骯髒、乖、不聽話、勇敢、能幹、貼心、懦弱、無情、自私等等，這些評價慢慢內化，融合成綿密複雜的自我價值感。

有人運氣好，周圍的人不說什麼，不太給評價。然而，即使別人不說什麼，但當我們與別人相處時，自己也會慢慢與人比較，例如為何大家都注意某人，卻不注意自己，為何別人能自己卻不能，他人擁有的我卻沒有。當然，也會覺得自己有比別人優越之處，**我們在自我懷疑與自我肯定的交互作用中成長**。發展心理學家認為自我價值感高低與生活適應度密切相關，肯定自己存在價值的人，比較能因應各種生活挑戰、挫折與危機。一位學生的學習心得寫說：

我沒辦法接納辦不到和做錯事的自己，我常要求自己要努力做到某些事情，希望可以肯定自己。所以我有時候會讓自己工作到晚上三點，也會讓自己不把事情做好就不吃飯，不休息，甚至導致生病發燒，但還是會不停地向前衝。我想不停地向前衝的原因，是我自身很沒自信，我很想家人肯定我、自己肯定自己，所以才沒辦法面對自卑的自己。

這位同學的心理狀態其實是非常普遍的現象，阿德勒著名的論述就是認為自卑感是追求成就的關鍵動力，只是，有些人在獲得某些成就之後，可能不再覺得自卑，但有些人的自卑感就像是個大黑洞，用再多外在的肯定與擁有也填不滿，因為很期待他人的肯定，反而遭遇更多的挫折與人際衝突。這位學生進一步在課堂上提問說：

人要如何主觀的認定自己是有價值的，而免於造成與他人的衝突並活得快樂？我與他人的相處時，常會不知不覺以自己是優越的角度或語氣與他人對談，而有時這會導致我們之間的爭吵。……我仍是在汲汲營營的追尋他人認同，因而會過度誇耀自己的優越性，希望讓自己活得快樂，但這卻變成我與他人爭吵的根源。

這位學生的反思不但反應了許多人的共通性，她具體描述與人互動模式，也讓我再次更清楚看見自己，覺得自己也是好辯成性，也總是得理不饒人。我媽媽常常說不過我，就忿忿不平地說：「你能把黑的都講成白的，為何不去當律師？」媽媽這樣說，我還是不服氣，因為我覺得我是對的，我沒有將黑講成白，我覺得原本就是白的，是媽媽沒看清楚，我只是提醒她而已，不覺得自己黑白不分。我甚少認錯，總得理不饒人，像刺蝟一樣讓人難以親近。

讀學生報告時，我覺得學生很厲害，是因為我到了將近五十歲才開始有點自覺，也比較勇於承認，自己是這麼在乎他人的認同肯定，才不斷地需要證明自己是對的，但學生才二十歲出頭，既能寫又有能力在課堂上分享行為背後需要被肯定的深層渴望。

我花了一些時間，在課堂中討論這個議題，當場想到「心流」理論是面對這問題的好方法，希望同學能運用這個理論，**學習從喜愛的工作中產生深層的快樂，逐漸取代以「贏」別人的方式來讓自己快樂**。當一個人處於愉悅滿足狀態時，對他人會比較包容，也比較不會去質疑活著的價值，對我而言，這已不僅是理論也是我的體驗。有一位同學在上課中明察秋毫，觀察課堂我與學生的對話，他在下一週的心得報告寫說：

這一次上課，學姊分享了她的個人議題，就是她喜歡在公開討論上與人爭高下，如果沒有贏別人，她便會渾身不舒服。不過這樣的情形導致學姐感覺有些疲累，因為一直處於一個競爭的狀態。因此她發現自己想要改變。學姐自己分析，她之所以喜歡爭辯，是為了凸顯自己的重要性與價值感的緣故。

而老師給學姊的回應是，從上次在課堂上播放的「心流」影片，可以知道人們沉浸在自己的嗜好中，進入忘我的狀態時，內心是可以感受到存在的喜悅，這時候，我們就不需要一定與人衝突也可以過得快樂有意義。

我個人非常喜歡老師這次給學姊的建議，我認為也適用在我的身上。反思我的生活，的確，我有幾個興趣，像是打籃球、看電影與閱讀。從事這些活動可以幫我舒緩壓力，專心時，進入心流狀態時間更像是快轉一般，而剛從事完這些事情的我，會覺得神清氣爽，除此之外，也會覺得人生過得很有意義。

這位學生在尚未接觸「心流」理論之前，已經有了體驗，也已經培養了多項興趣。減低自卑感，增強自我價值感，其實有很多不同的途徑。有些人對自己生命的反思啟蒙較早，能慢慢發展出自己的存在價值，而不是隨波逐流，跟著他人起舞，或由他人來決定。這些人早一點發現自己愛做的事，在做的過程中得到快樂、成就感，就覺得存在很有價值，並不那麼需要別人的肯定。此外，當一個人做自己喜歡的事，事情自然會做得很好，做得專精突出，容易得到他人的讚賞，容易成功。而一個快樂滿足的人，他們的人際關係也會好，創造出良性的循環。

當個十八般武藝都行的人

有同學反駁說：「我愛看電視，但是看完電視，並沒有比較快樂，反而覺得很煩，這是為什麼？」我覺得這位同學很天才也很誠實，問題問得好。「心流」作者齊克森米哈賴的研究指出，僅有很少數的電視節目讓人感動，產生心流的體驗，多數人坐在電視機前面幾小時之後，並不會快樂，也不會增進自己的價值感。因為看電視是被動地接收訊息，是單向的訊息輸入，對個體沒有挑戰，沒有對流，看電視的人沒有成果產出，沒有自身的投入與創造，沒有成就感，多數情況比較像一個消費者，久了就會無聊，逐漸失去能量，當然會感覺煩躁與空虛。

要活得有價值感，或者持續處於快樂滿足狀態並不容易，尤其人從出生開始，對於熟悉的東西很容易厭倦，好不容易找到喜歡的東西，喜歡做的事，可能不久又厭倦。以前，我對於自己的喜新厭舊會有罪惡感。修博士學程時，曾待在實驗室一整年，檢測嬰兒對圖片的反應、智力測驗、依附關係等，我們發現四個月大的嬰兒就已經很會喜新厭舊了，已經看過的東西，再拿給他們看，注視的時間就變短，一下子就無聊轉頭了。尚未社會化的嬰兒，不但喜新厭舊，也會偏好和諧、有秩序、有美感的圖片，這是人的本性。

我因研究嬰兒的性情，而比較能同理對事物容易產生厭倦感的習性，也更積極去嘗試體驗，找尋會讓自己持久不膩的事做。如每天寫點日記，寫的過程覺得自己比較安定，且常因為有意外洞見而歡喜。喜歡靜坐，表面上看起來也很浪費時間，好像什麼也不做，但是因為身心放鬆，比較能感受到存在的愉悅，能看見更多周圍的美好。也享受閱讀，彷彿聽有趣的人在說故事，在分享人生智慧，因此，家裡總有想讀的新書等著。喜歡走路，走著走著就歡喜。不過，這些仍不足夠，我還是常有寫不下去、眼睛無力繼續瞪著電腦、不想出門走路、不想靜坐……，那種什麼事都沒興趣、沒力氣做，覺得焦躁的時候，但最近發現睡覺的能力，已經大大減少這樣的時刻。一個喜新厭舊的人，需要十八般武藝，需要不斷地創造新的生活方式，新的驚喜，新的自己。而這一切，只要活著，就有機會。

我對「自殺者」有價值批判嗎？

一位年輕的網路名人自殺，引發社會對自殺議題的關注。台灣這些年來，每隔一段時間就會出現某個社會名人自殺身亡的新聞，這樣不幸的事件也發生在我們學校，一位研究所二年級的男學生，兩週前喝廁所清潔劑自殺身亡，全校師生心情沉重。因為媒體的報導，許多同學都知道這件事，我在課堂上陸陸續續與同學討論，覺得自殺問題已經不是單純的個人問題，而是社會問題。事實上，每學期的心理衛生課程自殺議題的討論大概都佔據一兩週，因為一個人自殺，影響範圍深遠，每一次的自殺事件都會捲出大小不同的風暴，襲擊周圍的人。而且，自殺多次擠入台灣每年死亡人數的十大死因之一。

在討論自殺議題之前，我習慣做小調查，問班上同學，從小到大有過自殺念頭的同學請舉手，每次舉手的人數都超過全班人數三分之一。有些同學是看到這麼多人舉手，自己才慢慢舉手，然後大家相視而笑，開始在課堂中開放討論。有些已經遠遠走過自殺陰霾的同學，會更深入分享自己過去的經驗，分享自己如何走過那段「黑暗期」。也有少數的同學仍被陰影籠罩，不會在課堂上公開，會以書寫的方式或私下找我談。很多同學說，看到這麼多人有過自殺念頭，如釋重負，原來不只自己曾有厭世厭己的感受，大家面臨的問題雖然情境不同，但感受是大同小異，因此聽到別人如何重生的過程，特別有收穫。

設法在痛苦中找到意義

我在課堂上以激動的語氣說：「有結束生命的勇氣，怎會沒有結束痛苦的能力？」，要殺死自己，需要莫大勇氣，因此我認為，**既然無懼死亡，那痛苦又何懼？**結果有兩位同學的心得報告對我上課講的這句話，有著完全不同的感受與反應，一位認同，一位相當反彈。認同的學生寫說：

我覺得老師說得很對，我們總是會在灰心喪志的時候說我們已經盡力了，但是其實在我們鼓起勇氣走上絕路的同時，卻忘了我們仍有拋開「放棄生命」的能力。

我在她的報告上立刻回應：「yes，放下痛苦也是一種能力。」覺得這位同學有看到我想要表達的重點。我針對的是因為覺得人生很痛苦、沒有希望、厭惡自己而想自殺的人，而不是社會學家涂爾幹論述的「利他型」自殺。然而，反彈的同學對這句話卻有完全不同感受，她認為我批評了自殺者。她寫說：

> 說實話，我自己覺得這句話對選擇自殺的人很不公平。……因為我們真的無法得知自殺者在事件過程中遭遇多大的痛苦和困境，或許他有結束痛苦的能力，但真正解決問題要付出的代價，不一定是他們真的可以承受的，這時候或許對他們來說，結束痛苦最快最輕鬆的方式，就是結束自己生命，而我不認為我們能夠批判他們什麼。

這位同學對於自殺者有著很深的同理，認為我說的這句話是在指責自殺者。我回想自己在說這句話時，背後動機真的如同第一位同學所理解，就是要提醒每個人皆有放下痛苦的能力，不一定要以結束寶貴生命的方式來終止痛苦。可能因為我自己怕死，很難想像有人不怕死，因此覺得能主動結束自己生命的人，必然是相當有勇氣的人。但我可能用錯了名詞，以「勇氣」形容因痛苦厭世而自殺的人，並不恰當，也許他們是徹底的沮喪絕望，沒有其他路了，對活著已經沒有任何希望感，唯有讓自己失去感覺，才能脫離這種絕望感，自殺是完全沒有出路的出路。但這樣的說法無法讓我平靜心安，周圍的人若因痛苦而殺死自己，我總覺得很遺憾難受，因此絞盡腦汁思索，有沒有其他方法，可以讓絕望的人注入一點活下去的希望感。

另一方面，我想說的是，活著本身，似乎不可避免會經歷各種痛苦，我怕痛，因此覺得那些能忍受痛苦、讓痛苦慢慢自然消失的人，很了不起。能面對痛苦、承受痛苦，在這過程中不傷害自己，不傷害別人，是很值得尊敬的。我也發現，不以傷害自己生命的方式放下痛苦，這種能力是可以練習而精進，像所有的專業一樣。接受自己當下的「絕望感」就是一種出路，接受有些問題就是無解，接受了就會有機會放下，而不會緊緊綁架我們。

每當聽到有人自殺，或者一再選擇以自殘的方式來轉移心理的困境與挫折，我其實很不好受，尤其當自殺者是我認識的親人、朋友和學生時，我心會跟著痛，情緒會跟著低沉一段時間。只要與他人生命有連結、有關係，彼此的情緒是會互相傳染影響的，別人苦我們也會跟著苦，別人歡喜我們也會跟著歡喜。但我是不是太急了，因為不希望看見有人以自殺的方式結束生之苦，才以激動質疑的語氣，說出「有結束生命的勇氣，怎會沒有結束痛苦的能力？」，而引發了同學的不滿，勇敢質疑掌握分數權力的老師，奮力為自殺者辯護？

仔細回顧當時出現這句話的背景，在課堂上我們一方面討論最近發生的校園自殺事件，一方面正在閱讀弗蘭克的《活出意義來》。對於如何減輕想自殺者的痛苦，多數人總是不知所措，不得其門而入的無力感，或者那種被切斷連結而受傷的感覺，很容易變質而成為攻擊指責的情緒，對企圖自殺者如火上加油，後果更糟。因此，即使是有經驗的精神科醫師或心理諮商師，面對有自殺傾向的人，也是如臨大敵，戰戰兢兢。

那天課堂上討論的自殺議題，碰巧與閱讀的文獻相關。意義治療方法創始者弗蘭克以身處納粹集中營的經驗，觀察研究人如何面對痛苦以及各種不同因應困境的方式。由戈登歐伯為《活出意義來》這本書所寫的代序提到：

除非能幫助當事人由狀似毫無意義的痛苦中看出一些道理來，否則仍不足以鼓舞生存的意志。而這，正是存在主義的中心思想所在：活著便是受苦，要活下去，便要由痛苦中找出意義。

我認同這段話，覺得這是一個可行的切入點。弗蘭克從在集中營經驗體會到，**人可以憑他個人的意志和精神，來決定他要成為什麼樣的人**，他說：

> 他們承受痛苦的方式，是一項實實在在的內在成就。正是這種不可剝奪的精神自由，使得生命充滿意義且有其目的。

這幾句話很觸動我、鼓舞我。正面肯定承受痛苦、通過痛苦的考驗，就是一種實實在在的成就，讓我在心情低潮時，能練習客觀平靜地看著痛苦，然後痛苦就能慢慢緩和，身體再度恢復能量。原來忍受痛苦本身就是一種面對的勇氣，是一種能力。弗蘭克要說的其實就是接納苦本身，如同我之前與學生討論的「自我接納」，不抗拒苦，苦本身就比較能忍受，也就比較不苦了，甚至可以轉化昇華。而我認為這些都是可以慢慢學習與練習的能力，不僅是來自文獻閱讀，也是我親身體驗，我曾是容易被痛苦侵襲霸佔的人，但這些年來，我看見自己與痛苦的不平等關係正在改變中。

因此，當我說「有結束生命的勇氣，怎會沒有結束痛苦的能力」時，並非要批評自殺者或想要結束自己生命的人，而是要告訴同學，每個人都有放下痛苦，超越痛苦的能力，只要願意去嘗試。弗蘭克以自己的生命經驗確認，人有「內在自由」，也看見有人實現了它，即使身處集中營，雖然不是每個人都能做到。**每個人的「內在自由」的程度隨著個人的修練而不同，這與多數宗教所期許的人生境界是相通的，心靈自由是可以一點一滴練就，可以透過後天努力得來。**

幼兒的同理能力實驗

自殺讓人不捨、沉重。人的生命，從孕育、誕生、成長，依賴他人的時間相當長，每一天的存活都不容易，都需要天地萬物祝福才能平安地呼吸、吃飯、睡覺。當我知道周圍的人有自殘行為時會焦慮不安，我能感受到他們正在面臨極大的痛苦，心情自然受影響，這是很難避免的「替代性創傷」。如果沒有被過度不當對待，我們天生都具有這種與他人生命連結同理的能力。

在讀博士班時，我曾在實驗室測試十四個月大的幼兒是否有同理能力。那是結合依附理論的實驗研究。我們在兩三坪大的實驗室正中央堆滿一箱玩具，媽媽帶著幼兒一起玩，三分鐘後請一位陌生人進入，先安靜地坐在角落，然後逐漸與小朋友一起玩，媽媽則退在一旁，讓小孩適應陌生人。幾分鐘後研究人員輕輕敲門，暗示媽媽離開。多數小孩發現媽媽不見了會哭起來，立刻追到門邊敲門大哭，這時陌生人就蹲在幼兒旁邊，安慰說媽媽等一下就會回來，我們一起來玩玩具。

許多幼兒不久就能接受陌生人的安撫，止住哭泣，繼續回到新奇的玩具上，專注探索玩具。這時陌生人不再繼續陪幼兒玩，只靜靜地坐在角落地板上。兩三分鐘過後，陌生人假裝手突然受傷，用另一隻手按著受傷的手，表現出很痛苦的樣子。結果，這些幼兒會停止玩玩具，驚訝地看著痛苦的陌生人，當陌生人繼續痛苦地哭泣，許多小孩甚至會走近陌生人，用他們的小手去撫摸陌生人受傷的手。

我靜悄悄躲在隔壁實驗室錄影，眼睛瞪著螢幕，看到十四個月的幼兒蹲下來憂心忡忡地看著陌生人，對這個小人兒充滿敬意。

又過三分鐘，媽媽回來了，幼兒開心地與媽媽擁抱相見歡，我們就判斷這個幼兒與媽媽之間有安全依附關係。有些母親患有嚴重憂鬱症，無法回應小孩的需要，或者不當地對待小孩，例如忽略或對小孩發洩情緒，這些小孩在實驗室裡會特別沒有安全感，只要媽媽一離開實驗室就大哭大鬧，無法安撫。而當媽媽回來了，又開始打媽媽，或是媽媽離開或回來與否都不在乎，對周圍環境冷漠；這些幼兒的同理心測驗就不顯著。**被愛**

的小孩會自然產生愛，被暴力對待的孩子，不但無多餘的空間關心別人，暴力也會自然在體內滋長，暴力的對象可能是周圍人物，也可能是自己。

每一個生命的死亡，幾乎或多或少會影響到周圍的人，尤其因為無法忍受痛苦或感受不到生命的價值與意義而主動結束生命的人。這些人生前的痛苦將如巨大的漣漪，往外蔓延，植入很多人的心中，延展成巨大陰影。經歷親朋好友自殺身亡的人，難受的複雜情緒各有差異，例如罪惡感、不捨、分離的悲傷、被死者拋棄的憤怒、恐懼、焦慮、憂鬱等等。我指導過一位研究生的論文主題是自殺遺族之生命歷程，發現自殺遺族得特別努力奮戰，才能不被黑暗的情緒漩渦捲入。

或許因為知道自殺引發的巨大漣漪，因為不捨死者的苦與周圍相關人的苦，或者我難以忍受自己感染他人苦，彷彿自己也是受害者，使我的語氣急躁又強烈，讓同學覺得我在批判自殺者。**關懷的心起了化學變化，聽起來像是責備或攻擊的語氣**，這是我要反省的。這也是所有助人專業者、老師、父母都要注意的，一不小心就「愛之深，責之切」，**而更深層的事實是，我們無法與自己的焦慮共處，好意變了味，反成為另一個壓迫者**，讓人更難受了。

懂得為何而活的人，差不多任何痛苦都能忍受？

因為學生願意對我說真話，讓我有機會深入自殺議題與反思自己面對自殺者的心境。我也因此寄給同學閱讀一篇有關助人者替代性創傷的文章[2]，繼續討論如何面對親友自殺的問題。一位同學以自身體驗提出問題：

有時候不管怎樣預期、怎樣設想，當事件發生的時候還是會真的真的很難過，而且那種難過是自己完全無法預期的。到底要怎樣，我們才能預備好自己接受痛苦的能力呢？

2參見汪淑媛（2014），〈替代性創傷是助人工作者不可避免之風險？〉，《社區發展季刊》，第一四七期，頁一三六－一五四。

這位同學對於替代性創傷會不預期襲擊的特性有著很深的體認，才能如此歷歷鮮明地描述，也才能問出核心問題。坦白說，我從沒有特別準備去接受痛苦或特別去研究痛苦，我是被動地、不得不去承接痛苦。替代性創傷這個專有名詞，是我到了四十多歲，在大學教書四年之後，才不經意地在研討會聽到的概念。但在這之前，因為教書，因為在社福機構當外聘督導，因為持續不斷在帶領讀夢團體，我已經歷過無數替代性創傷，為了減輕苦，才努力研讀，努力書寫，然而到現在也仍常陷入其中，不因為我寫了有關替代性創傷論文，就可以完全免疫。

轉化痛苦的例子

瞭解痛苦的源頭，是療癒的開始。每一個人對生命的酸甜苦辣感受力不太一樣。我對痛比較敏感，生病時，醫生說要抽血就緊張的不得了。很多人覺得抽血沒什麼，但我就是焦慮，一定將頭轉一邊，不敢看醫檢師將針刺入血管的過程，咬緊牙根忍住痛，因為已經過了可以大哭哀叫的年紀了。除了皮膚敏感度影響痛覺之外，對痛苦的忍受度可能跟過去創傷有關。我在美國讀書時，在醫院抽血的經驗很差，從右手抽到左手，被扎了數次才成功，醫檢師說我的血管太小，不容易抽到血。從此之後，只要聽到要抽血心就會揪縮，緊張與抗拒會讓肌肉僵硬，更增加痛的強度，成為一種惡性循環。後來我體會到害怕會加強痛覺，若能稍微抽離，平靜觀察著痛，承受痛的能力就增加了。我也運用打坐學習到放鬆方法，改善對抽血的恐懼。此外，台灣醫院病人很多，醫檢師經驗相當豐富，這幾年抽血經驗好很多，有多次一針見血的經驗。

因此，痛苦的忍受力與個人的身體狀況、過去創傷經驗有很大的關係，個別差異很大。同學的提醒很好，不要輕易去貶抑或評斷他人的痛苦。每個人從出生開始，就得面臨很多的失落與創傷。一離開安全溫暖的母親子宮，就永遠回不去那個空間，這就是一種巨大失落。出生的過程，要花很長的時間通過窄窄的產道，超級艱難，而安全離開母體之後，很長一段時間都得依賴他人才能存活。即使幸運長大了，終於能獨力養活自己，心靈上還是與他人相互依賴。**人終其一生與他人相互依存，這過程一定是得受傷的，他人怎可能隨時滿足自己的需求？他人怎能完全瞭解自己？**

人因緣際遇不同，創傷的類型與程度當然不可能完全一樣。此外，身體每天都在變化，會餓，會累，細胞不斷地死亡誕生，只要沒吃飽睡好，對所有痛苦與挫折忍受度就會降低，這些都已經研究證實。所以，因應痛苦或各種形式的創傷，要先回觀自身狀態，要認識痛苦的本質，還要練習很多方法，才能有效因應痛苦，甚至讓痛苦昇華、轉化。

十幾年前，班上有一位學生在大一下學期與男友分手，痛不欲生，但二年級時成績竟然全班第一名。我問她怎麼做到的，她告訴我，那段期間只有每天到圖書館專心讀書時，才能暫時不感覺到痛苦。不知不覺從讀書中得到很多喜悅與成就感，不但失戀的痛苦一天一天減少，成績也越來越好。這位學生其實也從讀書過程鍛鍊出自信，吸引很多人的注意，許多男同學都想借她的筆記，結果到了大二下，她又談戀愛了，而且兩人都喜歡在圖書館讀書，這是將痛苦昇華，轉化為生命力量的美麗故事。

然而，並非每個人都能有這位學生的資質與機會，能透過專注讀書，成功地轉化痛苦，讓自己生命更豐實。弗蘭克分享在集中營時如何忍受痛苦的方法，我很有共鳴，其中一句話讓我特別有感，他寫說：「懂得『為何』而活的人，差不多『任何』痛苦都忍受得住。」這句話來自尼采，是弗蘭克認同的格言。不過，這句話雖然很有力道，也提醒人們要找出活著的意義，但是並不容易做到，因為很多人就是茫然、不知為何而活，生命處於絕望才會想要結束自己的生命。而且，我也覺得這句話太理性，誰能一直處於確定「為何」而活的狀態？總有不知為何而戰、為何而活的迷失時刻，那怎麼辦？

有人說，放下痛苦很簡單，用酒精或藥物麻痺感覺，但這並不是承受痛苦、忍受痛苦，而是以慢性自殺的方式來逃避痛苦。弗蘭克說「**人一旦冷漠，現實就模糊了**」，我很喜歡這句話，覺得很有道理，以冷漠的方式面對痛苦，或藉著自殘或與他人的衝突，來避開自身的痛苦，就完全看不清現實樣貌，而且會扭曲現實，很快就會讓自己陷入更大的悲劇。因此，我認同弗蘭克寫說：

> 一個人若能接受命運及其所附加的一切痛苦，並且肩負起自己的十字架，則即使處在最惡劣的環境中，照樣有充分的機會去加深他生命的意義，使生命保有堅忍、尊貴與無私的特質。

當然，有能力達到這樣崇高精神境界，能守住完全的內在自由，體會痛苦所伴隨的價值，這樣的人實在寥寥無幾。但，即使只有一個實例，就足以證明這是可能的，是可以練習的，活著就會有希望。

那，怎樣可以強化承受痛苦的能力？弗蘭克用什麼方法承受他在集中營裡的痛苦，書中有一段話具體描述他的方法：

我把所遇的痛苦與煎熬當作前塵往事，並加以觀察，這樣一來，我自己，以及我所受的苦難，全都變成我手上一項有趣的心理學研究題目了。

他並且引述史賓諾沙《倫理學》裡的一句話：

我們只要把痛苦的情緒，塑成一幅明確清晰的圖像，就不會再痛苦了。

史賓諾沙與弗蘭克的方法，就是將痛苦當作一個客體來觀察研究，這也是我常用的方法，對我非常有效。當我情緒很糟時，會透過書寫的方式，一步一步靠近情緒，清晰地看見自己，也進一步產生很多疑問。一旦內在興起一股研究自己的好奇心時，自然會湧出活力，也會產生某種程度的內在自由，開始能與不舒服的情緒保持一點距離，進一步以情緒為線索，偵測潛意識的自己，療癒受傷的心，也順勢發現新的內在資產。**好奇心能點燃火種，疑團越大，發出的電力也越大，讓生命重新蓄滿能量。**

每個人最好是去找尋最適合自己的方法，如同要自己去找尋生命意義一樣。如果真的不知為何而活，我發現弗蘭克還有一段更精彩的文字，對我也有當頭棒喝的作用，他說：

我們應該自行學習——並要教導瀕臨絕望的人——認清一個事實：真正重要的，不是我們對人生有何指望，而是人生對我們有何指望。我們不該繼續追問生命有何意義，而該認清自己無時無刻不在接受生命的追問。

這段話讓我如釋重負，活著本身不一定要立刻有具體的目標，目標自然會找上門，或許所謂「時勢造英雄」大概是這個道理。**許多時候，不一定要清楚明白活著的意義是什麼，生命的意義自然會出現在眼前，只要負責任地去回應生命賦予的任務，去回應生命本質的困難與課題，全力專注在每個當下，就自然能活出意義。**

不過對某些人或某些巨大痛苦，任何一種方法都無效、無解，這個時候要謹慎尊重他人對自己痛苦的感受。記得我母親晚年因為身體的折磨而苦惱、憂鬱不歡，我很不捨，但卻無計可施，有時急了，不忍她一直嘆氣，就說：「你雖然行動不方便，但還是可以做很多事，還是可以讓自己快樂一點啊！」結果母親總回擊我說：「你吃老就知」（閩南語），也就是等我老年的時候，我就會體會到她的苦，她清楚地讓我知道，我沒有同理到她的感受。是的，很多苦我都沒經歷過，對人間疾苦，我永遠無法瞭解透徹，不能強求他人放下痛苦，不能強求他人要快樂，這是學生給我的提醒，是母親給我的教訓，我要牢牢記得。

後記

為了回應學生的質問與抗議，我反思整理對自殺議題的一些思緒，努力一個字一個字慢慢寫下來，寫下了兩篇，在下一次課程之前寄給全班同學閱讀，不久收到這位抗議同學的心得報告，他寫說：

首先，我要很謝謝老師在這週寄給我們的文章裡，對於我上次作業中質疑老師批評自殺者的那一段話有所回應。我自己以前也是，看到有人自殺我就會出現「有什麼事情過不去的」這種很冷眼旁觀的念頭，卻沒有去想到人在情境中，當我們沒有面臨到那樣的狀況，我們確實無法體會他們的痛苦，所以我後來對於自殺者的想法，多數是寧願給予祝福也不要批評。

……

最後我想跟老師說，這週的文章真的帶給我很多的正面回饋，也讓我輕鬆了一點，我最後是邊哭邊看完的，因為我覺得自己被同理到了，也發現其實學不會準備接受痛苦的到來也沒關係，只要知道痛苦是可以被放下的就好了。

我在學生的報告上回寫兩個字“Thank you”，感謝他的勇氣與誠實抗議，讓我有強大動力去整理零碎混亂的思緒，謝謝他願意細讀我的書寫，更謝謝他的慷慨，分享他閱讀時的感覺，分享他閱讀後的領悟。這位學生勇敢誠實做他自己，勇於表達對我的不滿，讓我停頓思考。當他誠實揭露自己邊哭邊看完我的書寫，告訴我「他被同理到了」，他覺得輕鬆一點了，這讓我也覺得自己被同理、被瞭解，我也輕鬆一些了。學生的真誠分享給我力量，增強我繼續教學、繼續書寫整理思緒的勇氣。

面對自殺議題，千頭萬緒，複雜糾葛，從與學生的對話過程，我學到的是，**訓示、規勸、指責、批判、給建議等由上對下的權威方式，某種程度僅是抒解自己的焦慮不安，卻反而讓選擇自殺的人更痛苦。**此外，自以為是地幫人心理分析，揣測為何選擇自殺，例如無法面對問題、逃避痛苦、或報復他人等內在心理問題才導致自殺行為，也可能扭曲企圖自殺者，使其更痛苦。**真誠的傾聽、尊重、接納、陪伴，或許還有機會讓正在受苦的人放下痛苦，放下對自己的暴力。**

「活在當下」究竟是怎麼回事？

「人生是一連串的剎那，人只能生活在當下」是《被討厭的勇氣》這本書結論。不知道有多少古聖先賢，多少宗教大師，都說過類似的話，使「活在當下」這四個字幾乎與「愛」一樣，已是老掉牙的口號。我心情好，生活順暢的時候，會覺得相當合理，人能擁有的就是此時此刻，總是能將眼前這一刻過好，整個人生就是好。

但當困於過去，焦慮未來，就完全無視眼前一切，這時聽到他人建議我要「活在當下」時，不但無感，還頗反感，總覺得這些人無法同理我過去生命艱苦的重量，無法理解我對未來目標是否能完成的焦慮，他們在說風涼話。我不知道我的學生對這句話的反應是什麼，想聽聽他們的感受。

結果，有一位同學讓我驚奇不已，舉出棉花糖實驗為例子，質疑活在當下是否為恰當的論述。同學說她讀過一個實驗，一群小孩，每個人手上都有一個棉花糖，大人告訴他們，如果他們可以忍耐暫時不吃，等一下會得到更大的禮物。這是著名的情緒智商（EQ）實驗，研究發現，幼兒時期能克制一時欲望，能等待延宕滿足的小孩，經過多年追蹤證實，他們未來的各項成就較高，社會適應力也比較強。

同學因而很疑惑，一方面要活在當下，可又常被教導必須有耐心克制當前的欲望，忍住一時的苦，才會有更好的未來，這兩個理論到底哪個比較對？我覺得學生很有批判性思考能力，看見兩種價值的矛盾。這時，另一位同學舉手發言，她提出不一樣的想法，也讓我相當驚艷。她認為**活在當下並非滿足當下的欲望，那些等待更大禮物的小朋友，他們為著未來而堅持，努力地克制一時的口慾，有覺知地做這個決定，有覺知地忍耐，為更好的未來而努力，這也是活在當下**。

然後又有一位剛剛完成七天登山體驗的同學加入討論，她說登山過程很辛苦，也的確以登上山頂為目標，但是，當下的每一個腳步都很踏實，每一天都很充實，登上山頂時，非常有成就感，永遠忘不了那七天的體驗。因此，**活在當下與邁向未來目標之間並沒有衝突**。同學你來我往的對話很精彩，每個人都有自己的立場價值，我聽得很過癮。

但是，若還不知道自己要什麼，不知自己的目標在哪，那「活在當下」的意義是什麼？是怎樣的滋味？在《被討厭的勇氣》這本書裡，年輕人嗆哲學家說：「我連夢想和目標都沒找到，也不知道自己該跳什麼舞。對我來說，『當下』根本就是毫無意義的剎那！」當我讀到這句話時，覺得有點煩躁，因為我也聽過周圍不少人說過同樣的話，有時是父母來問我問題，說他們的孩子人生茫茫然，找不到人生的目標，每天無精打采，問我該怎麼辦，但我總覺得幫不上忙，我無法從父母的描述判斷小孩的問題。

我也看過有些學生上課時很混，雙眼無神，特別是在大班級人數眾多的必修課，更容易躲藏。他們沒有問題，沒有疑惑，一片空白進入教室，一片空白離開；沒有溫度，沒有熱情，好像濕透的木材怎樣也無法烘乾，無法起火燃燒。問他們怎麼了，他們說不喜歡現在就讀的科系或課程，但又不知道能去哪裡，好像一個人被卡住無法動彈一樣，我很想拉他們一把，卻覺得他們很重很重，我拉不動，這讓我蠻沮喪。我很好奇，哲學家怎麼回應年輕人。

「目標導向」的人生就一定是對的？

結果哲學家回答說：「沒有目標也沒有關係。只要認真活在『當下』，它本身就已經是一段舞。」坦白說，這答案讓我失望，覺得是在繞圈圈。我也同意要活在當下，也略能體會哲學家的意思，就像靜坐時沒有一定要到哪裡，僅是專注地感覺自己的身體，讓身心放鬆，就是活在當下，因為那一刻，身體的每個細胞生機盎然。不過，若我是那年輕人，一定還是不知道怎樣活在當下，這光聽道理很難懂，必須親身體驗。

年輕人認為自己尚未找到夢想與目標，不知道自己能跳什麼舞，生活就提不起勁。事實上，不確定未來方向的迷失感，經常會發生在人生不同階段。不僅是年輕人有困擾，家庭事業有成就的中年人也會有這樣的危機，中老年退休之後更是另一個挑戰：原來設定的目標都一一達成了，若沒有盡快找到新的目標，生活就失去動力，陷入失落與茫然。

身心處於無精打采、茫然失落的狀態並不舒服，沒有方向，失去存在的意義會讓人窒息、無聊、不快樂。因此，只要有問題意識的人，不喜歡處在無聊、不快樂狀態的人，很快就會去找尋下一個生活目標，改善當下的處境，我大概是這樣的人，無法窒息太久。我總是有一個又一個目標在引領我前進，但我誠實地說，我不見得有活在當下。在追尋一個目標又一個目標的同時，在擔心達不到目標的焦慮中，經常忽略眼前生活。目標達成的快樂總是短暫，很快地，下一個目標在上一個目標即將達到之前，就會出現。

以目標為導向，一直在為達成目標精算，一不注意就犧牲其他需求，忽略周圍美景，忽略周圍的人，變得現實功利沒人味，稍不注意，可能就成為「目標」的俘虜。**「目標」能給人生存的動力和活著的勇氣，但是也有可能是惡魔控制我們的存在**，讓我們失去自己。看見自己努力追著一個又一個目標的樣子，是可敬，卻也有著某種程度的悲傷。那個「追」的狀態，就覺得有點喘不過氣來，有時得失心強，渴望要達陣的樣子也是難受。而且有些淒涼的是，有很多艱難目標完成了，那狂喜卻退卻甚快，就像登上山峰，那山頂的空間其實窄小，無處遮蔽風雨，不能久留。

我覺得，年輕人能承認自己沒有目標，說出「當下」對他而言根本就是毫無意義，雖然有點絕望，但這是自我看見的開始。他開始看到自己的問題，看見自己的狀態，而不是一直討厭他人，討厭這個社會，這是與當下同在。在還沒有看見自己的問題之前他憤世嫉俗，總是將對自己的無力感投射到周圍環境，將對自己的憤怒遷怒在他人身上，他沒自覺到厭惡自己，或者沒有勇氣面對被自己看不起的自己。我覺得當他感受到無意義感時，已經比之前更貼近自己，更活在當下。因此，當哲學家回答：「沒有目標也沒有關係。只要認真活在當下」，我心想，如果自己是這個年輕人，搞不好會更怒，更無力。因為，實在無法理解什麼是活在當下，如何認真活在當下。

與自己親近，離「活在當下」不遠了！

在學校諮商中心當輔導老師時，我也聽過同學對我說過類似的話。只是，我認為當學生願意踏進諮商室，找老師討論自己的問題，就表示他們想要認真活著了，不希望日子繼續無精打采。也就是已經想要改變現狀才會踏入諮商室，這就是目標，想瞭解自己為何如此，想改變就是一個研究目標，才會有找人談的動力。因此，我若是哲學家，會具體告訴年輕人，**當他願意一次又一次地走入哲學家的書房與哲學家對話，尋找自己，這已經是認真地想要活在當下，為當下的人生努力，認真地在跳一段舞了。**

注意「活在當下」這個議題很多年之後，我發現，只要能與自己親近、自我接納，大概就距離「活在當下」不遠了。然而，每當我提到「自我接納」(self-acceptance) 的重要性時，總是有同學質疑問我，明明自己就很糟糕，還要自我接納，不就等於自我縱容？我很喜歡同學這樣的提問，讓我瞭解每個人對同一個名詞的詮釋這麼不同，也更小心使用每個名詞。

如同活在當下並不等於滿足「欲望」一樣，我所說的「自我接納」也不等於放縱自我。接納自己是不要對著不完美的自己一直鞭打、攻擊、歧視、壓迫、貶抑、或排斥打入冷宮，使盡力氣把自己藏起來。我想強調的是，過去發生的事實根本無法改變，若繼續與「過去的我」糾纏，以過去的創傷當作今日失敗的藉口，必定耗掉更多的能量精力，只會讓自己「凍結」、「卡住」在過去情境裡，無法行動思考，而且會越卡越緊，或像是跳了針的唱盤，不斷重複或發出刺耳的聲音。

反省過去，不喜歡過去的行為，不滿意過去的能力，覺得自己可以做得更好，這些覺察很重要，是一種正向的自我批判，自我反思，與沉溺式的負向自我批評並不相同。也就是，有「勇氣」看見不滿意的自己，有問題意識，才有真正的接納，不會一直將問題指向別人而自我掩藏、自我防衛。能包容不完美的自己，才會有空間包容別人。當一個人**能專注在此時此刻，認真研究自己，發現自己，做自己想做的事情，對我而言，就是活在當下**。

同學們對於棉花糖實驗的討論，讓我看到不一樣的心理動力。選擇能暫時克制欲望的小孩，可能也很想趕快吃到棉花糖，但心想，如果能暫時忍耐，不久之後可以吃到更多，能享受棉花糖的時間更長，這是一種理性的計算，來自經驗法則。因為這些小孩對實驗者有足夠的信任，相信他們會實現承諾，而不是虛幻的想像，因此，這樣的忍耐就有了價值意義。**等待，是一種自覺的選擇，也是一個小小目標的完成**，知道自己的當下行動將帶來更美好的未來。但對於很小就對大人的話信任破產的小孩而言，可能覺得這是騙局，他們的經驗是等待的最後，並沒有更多的棉花糖，會比較難克制眼前的欲望。每一個人的理性算計不同，對於活在當下的詮釋也不太一樣，不願意等待的小孩，或許看到別人因為忍耐而獲得更多糖時，自己的經驗法則也會慢慢調整。

對自己好奇，努力研究自己

活在當下不是縱欲，不是今朝有酒今朝醉，不是發洩自己情緒在他人身上，不是為了滿足自己而傷人，不是滿足一時欲望而逃避存在的責任，也不是設定一個又一個膚淺的現實目標，不顧自己的感覺與身體，不顧他人，甚至壓迫他人，瘋狂追尋。這並非活在當下，是慢性自殺，一點一點自我毀滅。

我真正有意識地體會活在當下的滋味，是在一次連續七天的閉關靜坐，剛開始靜坐時，雖然身體不能動，但心與大腦根本無法靜止不動，結果坐在蒲團上頭痛、肩膀痛、背痛、腿痛腳麻，連續五天都痛苦不堪，很想放棄。直到第五天快結束時，大腦慢慢安靜下來，情緒波動減緩，才終於體會到不被過去糾葛，不憂未來，靜靜存在的美好，而那時我都已經二十九歲。此刻回想，即使只是整天整週靜靜坐在蒲團上，還是有目標的，至少希望能安定舒服地坐在蒲團上不動，僅是這麼簡單的目標，就折騰了我五天才稍微體驗到一點滋味。我必須忍耐身體不適與疼痛，每天清晨四點痛苦起床，夜晚睡不著，七天不說一句話，一支香又一支香奮戰，與自己過去的習性拔河搏鬥。在前往一個大夢想大目標的過程，其實必須克服許許多多的挑戰，完成無數個小小目標。

因此，找不到終極的生命目標，沒有確定的人生方，不一定就不能活在當下，很多人都會有這樣茫然的時刻。生命目標是一點一滴摸索而來的，是與每日經驗對話辯證而來的，仰賴一次又一次認真活在當下累積而來的。如果一時之間沒有具體目標，也可以停下來好好照顧鍛鍊自己的身體，多讀幾本好書，活動大腦，多一些旅行，打開視野，與自己對話，探索自己，觀察他者。**在專注釐清困惑的時刻，在認真思索找尋人生目標時，大概已經與當下不遠。**生命的意義與目標，乃從專注投入日常生活中，有機地浮現出來的，只要認真完成每一次的選擇，自然會水到渠成。因此，我覺得**年輕人想要找尋人生目標本身，想探討人生意義，對自己好奇，努力研究自己，這已經是偉大的目標了。**

人要能好好活在這世間，能餵飽自己，能有個擋風遮雨的住所，成立一個小小的家庭，養兒育女，關心照顧家人，自我實現，這些目標都很不容易達成。每一個人都得面對天災人禍、社會競爭、生老病死的重重挑戰，並非每個人都能完成，或勇敢度過這一切挑戰，圓滿終老，這過程需要很多的理性思維、智慧、忍受痛苦的能力以及復元力。所有生命都一樣，要活下去都需要努力，而努力並不一定會有相同的回報。但是，認真踏實地活在當下每一個時刻，不一直眷戀或後悔過去，不要沉醉於想像的空幻未來，專注於現在的自己，全新全意地吸一口氣，心安理得過日，卻是每個人都能做到。

多做一點自己，就不用找自己了？

二〇一六年秋的研究所心理衛生課，同學因讀我剛出版新書裡的一句話：「多做一點自己，就不用找自己了」[3]，引發很大爭議，持續了兩個多小時的討論。那是我在帶讀夢團體工作坊時，不經意脫口而出的一句話，沒有想很多，但是同學讀起來，卻有不少問題疑惑，而且各有不同的想法，非常有趣。

學生問，堅持要做自己，可能傷了別人，也可能被傷害，這樣好嗎？還有，怎樣才能做自己？全班繞著這幾個問題團團轉，好像也沒轉出一個結論，下課後，我大腦仍繼續轉，覺得有點混亂，就乾脆寫寫看，邊寫邊思考研究，比較不會空轉傷神。

結果寫了幾天，總覺得有點鬼打牆，這原本是很熟悉的議題，多年來經常在上課中與同學討論，但真的下筆要將長期累積下來的想法寫下來，就是無法前後邏輯連貫，寫著寫著，自己像個老學究一樣開始硬生生地說理說教，越來越無聊，越來越沒有能量，也有點前後矛盾的心虛。我開始有點訝異，原本很篤定的一句話，多做一點自己就不用找自己，這兩者之間存在著因果關係，但是為何同學有這麼多的疑惑，而我之前覺得很簡單的道理，卻寫了幾天也寫不順。

翦不斷，理還亂！

等到隔週星期一，終於不用外出上課，有一整天自己的時間。我帶個大飯糰到圖書館可以喝咖啡的角落，準備長時間奮戰，專注地將這個問題弄清楚。在紐約大學讀博班時，我經常一早買一個夾滿酸乳酪的大貝果（Bagel）放在背包裡，保溫杯裝滿熱咖啡，直接到圖書館六樓，那裡有一個我租用整年的專屬小研究室，通常一待就是六小時，等到肚子餓了才出來，艱難的博士論文，就這樣一行一行寫出來。現在遇到難解的問題，將自己關在大學圖書館角落，成為我解決難題的希望。

週一進入圖書館時，興奮、充滿鬥志，覺得這是做自己的時刻，因為我正在做我很

3 參見汪淑媛（2016），《夢、覺察、轉化——南勢角讀夢團體現場》，台北：心理出版社。

想做的事、愛做的事。卻沒想到一兩小時過後，越寫越不順，覺得腦袋像糨糊，怎樣才算做自己？如何做？所有的答案都揪一團，寫出一個不久又被推翻。幾小時過去了，問題徹底打結、無解，焦慮悶熱，完全沒有過去待在圖書館工作幾小時之後的快感。

這時，我有點不甘心了，原期待沒課的週一，分配好時間，清晨寫前一天在台北帶領讀夢團體後的思緒，下午則梳理上週心理衛生課程討論，隔天與同學分享。所以週一清晨在台中家裡例行的書寫一結束，立刻快速打包開車回埔里校園。我一到學校宿舍，放著一整週未清掃整理的兩層樓宿舍不管，忽略雜草叢生的庭院以及極需運動放鬆的身體，就背著一堆資料到圖書館，蓄勢待發要寫「做自己」可能衍生的種種問題。但大飯糰嚼光，咖啡喝盡，太陽已西斜，仍困在疑團裡，眼看著隔天要交給學生的「作業」寫不完了，心情漸漸煩躁起來。想勉強繼續撐一下，結果身體明顯不適，頭痛發熱。

我開始又懷疑自己的能力了，自我評價的習慣像是一個頑劣的小孩，就愛選在這時候落井下石。想要勤能補拙，沒有力氣繼續，身體與大腦意志已經開始衝突，兩邊都不舒服，無論身體或心理都開始變調了，這時，我要聽大腦繼續工作還是隨著遲鈍的身體罷工？

我聽身體的，不敢再喝第二杯咖啡刺激身體要振作起來，我已經有意識到這是「剝削」行為。關掉電腦，接受「寫不出來」的事實，接受自己的體力、能力、聰明才智就是這樣而已。過去幾年，身體已經給我很多次的教訓，沒有了身體，根本別奢想要「做自己」。

逛了一下圖書館的雜誌架，發現簡媜又出新書了，很溫柔的書名「我為你灑下月光」，就坐在沙發上讀這期《印刻文學雜誌》。文學果然像月光，安撫了身體與大腦，不再興起戰事。我安靜地讀新書介紹，直到圖書館西邊的自動窗簾拉起，陽光消失了，才發現已經五點多，想趁著天還亮著，慢慢走回宿舍。心想，校園秋日黃昏應該很舒爽，別錯過，快速將雜誌放回走出圖書館。

結果，雖然已經十月中旬，但天氣很不秋天，又熱又悶。我沒有很解放，但也沒有很苦惱。**走路，一步一步慢慢走，是我這一兩年來，能感覺到做自己的時刻，好像走著走著，什麼也不想，簡單純粹地走，就有機會走回自己。**

夢中的強暴者

這一天待在圖書館六小時的經驗，又清楚看見「自己」其實是很複雜的組合，若不細心覺察，任由「某部份的自我」強取越界，其他部份的自己必定揭竿起義，很難持續「做自己」。這糾葛複雜的心理動力，讓我想起一位學生的惡夢。她是大二的學生，在我的課堂上修「夢與自我探索」的課程，有一次下課休息時間，我準備回研究室喝水喘息，她跟著我上樓，到了研究門口問我說：「老師，可不可以耽誤你幾分鐘時間？」我請她進研究室坐下，她低頭不語，我等了一會兒，她才小聲地說，她最近作一個很恐怖的夢，讓她很害怕。

「你要告訴我你的夢嗎？」我直接問。瞄一眼手錶，距離上課時間只剩幾分鐘。

「老師……，我……我夢到我被強暴……」話一出口眼淚直流，無法繼續。

這個夢讓她很害怕，但不敢跟任何人說，她問我夢是否會預知未來，她很擔心有一天真的被強暴。來自潛意識的夢，有可能預知未來，但也更真實地反應夢者當前的生活狀態。

「夢裡強暴者是真實的人嗎？你認識嗎？」我先釐清夢境再說。

「那個人臉看不清楚，不認識。」她搖頭。

我問她作這個夢的前幾天，有沒有在想些什麼或做什麼願意讓我知道的？她說都是在寫報告，準備考試，沒什麼特別的事。她這學期修了三十幾學分，除了原本因分數分發的社工系，還輔修兩個系，一個是媽媽期待的教育學程，另一個是自己的興趣，希望大學生活很充實，沒有浪費學費，因此每天都很忙，特別是期中考到了，報告考試不斷，幾乎沒時間睡覺，沒有回家，也沒時間與同學聚餐聊天或出去玩。

由於我馬上就要上下一堂課，沒有時間繼續深入她的夢，只好快速投射我對這個強暴夢的一些聯想。我告訴她，強暴有可能隱喻其他事情，意味著別人逼你做你不願意做的事，失去自主權，被壓迫，被侵入，承受痛苦而無力抵抗。在意識上，多數女性都很擔心自己身體被強暴，比較懂得預防危險，例如不要一個人深夜在路上行走，或單獨到人煙稀少的地方。但是，**當心靈或精神上被強暴時，察覺能力相對弱**，整個社會過度忽略心理衛生，不知預防心理傷害。

學生聽了我的投射後，破涕而笑說：「老師，我覺得好像是我在強暴自己！」她原本擔心夢會預測未來，擔心會有不測，沒想到眼前已經發生了，而且兇手是自己。她鬆了一口氣，因為自己雖是強暴自己的人，但同時也可以是自己的主人，可以決定叫自己放手。隔日她立刻退了兩門不喜歡的課，緩衝沉重的課業壓力，後來，她也延長修業年限至五年，並考上自己最有興趣的研究所，歡喜抱了紅酒、甜點來找我慶祝。

要做的，是哪一個自己？

在現實生活中，我們經常勉強做不願意做的事，有時候是別人用他的權力強逼我們做，有時候是自己的「理性」判斷，逼自己就範。例如認為學分修越多，大學生活越充實，不會浪費昂貴的學費。結果是想睡覺卻不能睡覺，有些不喜歡的課也得修，想與朋友聚會也沒有時間，身體需要休息，需要睡覺修復損壞的細胞，清理大腦雜質，讓鈍化的神經元復甦，人際關係需要交流滋潤才有活水。這些潛在問題與需求，都被活躍的意識忽略犧牲了。

如果夢裡出現的人臉孔不清楚，不是現實中認識的人，有可能是自己的另一個面向，也就是一部份的自己的化身。夢中的強暴者她不認識，臉也看不清楚，可能代表陽剛理性面向的自己，如榮格所說，夢是平衡偏執意識的機制。在意識上，學生認同努力向上的價值，多修學分增加就業專長，但她修的學分幾乎是一般大學生的兩倍，她必須壓抑身心其他需求才能應付繁重的功課。認真修學分取得多重學位，符合媽媽的期待，實現自己的夢想，這些也是做自己，也是一種自我照顧，但當超過身體負荷時，其實對自己是殘酷暴力的，是一種自我壓迫。

終於能理解課堂上同學們對「多做一點自己，就不用找自己」的困惑與憂心了，當時我說這句話的假設很簡單，就是當我們能夠隨著自己的想法感覺過生活時，就是與自己在一起了，就是找到自己了。但問題是，許多人連自己的想法感覺都不清不楚，模糊一團，或者知道自己的想法，卻不知道自己感覺是什麼，也看不清楚各種思緒之間的矛盾糾葛。佛洛伊德直接指出，**人天生會自我欺瞞，從小就會說謊，一層又一層，最後連真實的自己藏在哪裡都不知道，這時候，「做自己」可能又是另一個虛假的自己，或是一個很小部份的自己，這當然對己對人都有風險。**

終於更清楚了，「做自己」與「找自己」兩者是互為因果，相互主體的關係，在帶領讀夢團體的過程許多人告訴我，他們在夢裡與真正的自己相遇，他們終於發現了自己。有時我會覺得悲傷，為何會這麼多人花大半輩子在找自己，忍不住大聲說：「多做一點自己，就不用找自己了。」我卻沒注意到，這前提必須建立在對自己有充分的認識。或許我應該補充另一句話：「**多研究自己，多一點自知之明，就比較能精確地做自己。**」

做自己並非衝動地我行我素，而是無止境地與他者、與自己內在對話、協調、談判、拉扯。做自己無法憑空取得，是需要努力，需要練習，需要努力理解自我、他人，以及周圍環境，才能為自己找到平衡舒適的存在環境。

「我」有哪些面向？

在回顧一位學生夢見自己被強暴的夢時，我也看見長期以來，我對自己的身體並不友善，包括忽略、勉強、剝削、甚至壓迫都頻繁出現。來自大腦的思緒似乎長期指揮著身體行動，他們之間並非平等的夥伴關係，而是從屬的關係。然而，**身體有其主體性，是自我的一部份，身體的活力與健康直接影響人的自信、自我價值感、情緒好壞、以及思考反應的速度。若將身體異化為大腦目標或欲望的工具，沒有給予適當的尊重與對待，一個人很快會四分五裂，快速崩解。**

不過，身體是自我一部份，但也不是全部，那「我」是誰？還有哪些面向？

笛卡爾的名言：「我思故我在」。但這句話用在禪宗就不通了，我在禪堂打坐時，必須用「我思故我不在」這句話，來止息不斷轉動的大腦思緒，只有大腦安靜下來，情緒的波動安靜下來，才能在蒲團上好好呼吸，才能體會到不可思議的存在愉悅，才能真正體驗到「我在」。只要大腦開始想東想西，頭痛、肩痛、背痛、腿痛、腳麻等各種身體的不適就會快速蜂擁而來。禪宗顛覆了我對存在的認識，我不否認思考的重要性，是人能存活的關鍵，但是思考並非全部的存在，甚至有時會成為存在的阻礙，讓人無法開放感官，全面接收感受周圍的訊息，看見現象的全貌，也更難以享受當下的愉悅。

「我」的各種分類

也有人簡單地以物質層面與精神層面來二分人的存在，例如某人好像很重視物質，而某人則重視精神享受。但事實上沒有一個人能被這樣歸類，物質與精神兩者其實緊密相連，互有因果關係。譬如美食會讓人愉快、滿足、感動，一個設計良好優雅安靜的空間，也能讓人立刻平靜下來，有幸福感；反過來說，一個精神層次高度發展的人，才有品味能力創造美食，設計環境美學。物質與精神是互為因果的循環過程，非僅是「唯心」，也非僅是「唯物」。另一種普遍的歸類是將自我分為「身」、「心」、「靈」三大面向，身體比較具體，看得見，摸得著，心與靈則比較抽象，很難三言兩語說清楚。

當代關於人的心理方面知識已相當普遍，到處都有大眾心理方面的書籍，許多人都具有一點心理分析能力。大家耳熟能詳的佛洛伊德，他將自我分為三個結構：本我（id）、自我（ego）、超我（superego）。「本我」與身體感官的連結較強，「超我」象徵對社會規範的認同，而「自我」則是調節本我與超我衝突的機制，創造各種防衛機制與方法，努力去滿足「本我」與「超我」的需求，解決兩者的矛盾衝突。我們常見的防衛機制包括否認、壓抑、合理化、反向作用、昇華等等，大部份的防衛機制都不是很誠實，讓我們更遠離真實的自己，讓我們無法內外一致，只有「昇華」這個防衛機制對人生長遠的發展比較有幫助。

榮格認為人都具有內向與外向的層次、理性思維與感性直覺，只是每個人比重不同。即使人有性別區隔，但榮格從病人的夢境裡發現，每個男人內在都有一個被隱藏壓抑的女性我（安尼瑪），每個女人內在也都住有一個不被彰顯的男性我（安尼瑪斯）。因此，僅做某個面向的自己是不完整的。我讀了許多人的夢以及自己的夢，發現**「我」是由數不清的「他者」組成，我們被太多人影響、殖民、寄生，他們之間已經相互影響混和，要清楚界定自己樣貌幾乎不可能。**

前文提到馬斯洛從人的需求層次來檢視個體的發展，他從訪談許多知名成就人物，歸納出人的需求發展有各種不同層次，而且有大致的順序，由下而上依序為生理、安全、歸屬、愛、自尊、自我實現等。但我們看見的世界，我們周圍的人，並非每個人都能有機會全面發展各種需求，並得到滿足，許多人是停滯在不安、沒有歸屬感、無法愛人，無法被愛、自卑，自我價值感低落的階段，所謂的自我實現或靈性境界，更是高不可攀，遙不可及。

難怪學生對於「做自己」很困惑，意見紛歧無共識，因為自己是誰？想成為什麼樣的人？這個問題，很少成為求學過程的重要議題。仍處在依賴階段的學生，連基本生理需求都無法獨立，也不知道自己能否在社會上取得一個安全生存的空間，在這個階段，談論做自己實在有點奢求。書本能提供的僅是粗略的地圖以及他者的發展經驗，其餘的都得靠自己腳踏實地去體驗，一步一步接近比較核心的自己。

從佛洛伊德創立精神分析理論至今已一百多年，心理學仍持續解析「我」的結構，「我」的組成元素，「我」的需求內涵。我在年輕時，非常好奇「我是誰？」，因此對於心理學以一個科學家客觀的態度，將「我」當作研究對象來分析，相當神往著迷。然而，當實際遭逢生離死別巨大苦難時，我之前所學有關「我」的科學知識，對陷入狂風暴雨的我，幫助非常有限，才開始注意到靈性以及其他存在議題。**在靈性世界探尋體驗**

多年之後，才能理解「我思故我在」如何侷限了「我在」的範圍，才知道僅以分析的態度面對自己或他人是不夠的，甚至可能與自己、與他人越來越分隔疏離。

靈性是什麼？

人的靈性部份，長期被霸氣的科學和科技擠到邊緣，學校教育與學術界較少討論。年少時我總疑惑人從哪裡來，將往何處去，人生的目的是什麼？然而，這種少年不識愁滋味，未經世事拖磨，對生命純粹的困惑，隨著進入成人世界而漸漸失聲。我的大學與研究所時期的研究典範是實證主義一統江湖的時代，「我」被列入成主觀，會妨礙客觀性而不得見天日，尤其是「我的感覺」幾乎是撰寫研究論文時的禁忌，一切都要有憑有據，絕對不能說「我覺得」如何如何，這是不科學的。因此，我是誰？我的感覺是什麼？這些問題在求學過程很少在課堂上討論，也很少在教科書上看見相關的討論。

長期以來，我也是被主流學術馴化的一員，終日忙著因應現實基本存在挑戰而無暇他顧。直到讀博班時遭逢變故，像經歷強大地震，內心震出一個很大的洞，這個洞是客觀學術分析無法填補的，才慢慢往文學、夢、存在主義、藝術、禪的世界靠近。只是，我小心翼翼提醒自己，千萬不要像讀社會學與心理學一樣，陷入自以為是的客觀分析態度。因此許多年來，不但不想分析靈性，也少向他人談靈性議題，或許我害怕一旦分析的態度出場，一旦被不斷地說，又不自覺將靈性當作一個客體（object），一個知識概念，而非與靈性同在（being），這時，反而與靈性越來越疏遠。

對靈性的概念定義比較具體的接觸，來自幾年前研究社會工作者職場風險時，讀到Pearlman與Saakvitne[4]認為替代性創傷可能傷害助人工作者的靈性，很好奇他們怎麼定義靈性，也想瞭解替代性創傷如何影響個體的靈性發展。結果發現Pearlman與Saakvitne的解釋簡單易懂，**靈性包括希望、信心、喜悅、愛、好奇／疑惑、接納、感恩、原諒、創造力等**，是一種非物質經驗，**是有關意義感與希望感**，以一種超越自我的形式與某些事物的連結，乃有關所有生命面向的覺醒，是人類與生俱有的能力，讓我們能覺知難以理解的經驗。

另外一次印象深刻的靈性議題閱讀經驗，也是幾年前因為研究社工風險問題時，意外讀到王增勇與呂又慧合著的《向水深處划去：從陳怡吟的書寫看社工的靈性修養》這

4 參見Pearlman, L.A. & Saakvitne, K. (1995：287). *Trauma and the Therapist: Countertransference and Vicarious Traumatization in Psychotherapy with Incest Survivors*. New York: Norton.

篇文章，作者引述Waterfall（2002）的定義，認為**靈性是「渴望與他人、彼此、自我以及高於自我存有者之間更深、更有意義的連結。」**

我覺得上述兩種對靈性的詮釋是相通的，靈性內涵，例如希望感、愛、感恩、創造、喜悅等，有賴於我們與自己、他者、與周遭環境之間的連結與親密關係的建立，當這些關係斷裂，我們的靈性就會有危機。哈佛成人發展研究中心從一九三八年開始，長期追蹤七百二十四位男性，想知道哪些因素是影響人能好好存在（well-being）的關鍵。每隔兩年，研究團隊定期與這些人訪談與調查他們的健康、工作發展、家庭關係、人際關係等。Waldinger（2015）在Ted分享研究結果，長達七十多年研究發現，**幸福快樂的關鍵不是一般人認為的財富、名望、或成就高低，而是「有品質的美好關係」，包括與家人、朋友、社區之間的連結，他們也發現寂寞孤單是健康的毒藥和殺手。**

我們是存在關係裡

幸福快樂來自生命與生命之間的暢流，來自與萬物之間的連結感，這或許解釋了我為何喜歡帶領讀夢團體，喜歡看見學生主動學習提問，在課堂上有深層的交流對話。

這也讓我理解為何在研究論文的書寫過程，一直抗拒將自我隔絕撇清，自稱是一個所謂「客觀」的研究者，因為我發現，無論我怎麼努力，所認識的客體仍然僅是一部份，不是全貌，**研究者若能現身出場，讀者比較能看清研究者的位置，從什麼樣的角度看問題**，而研究的人，也可以避免異化自己，異化所研究的客體，創造活絡的互動關係。

我相信靈性是我們好好存活於世間的關鍵，就像物質心理需求一樣，是基本需求，應該與科學數理等實務知識一樣重要。**一個懂得與自己連結，與他者或萬物連結、能愛、能創造的人，自然能交織出一個非常強大的社會安全網**，這樣的人，除非不可抗拒的天災戰爭，要落入貧窮飢寒、孤苦無依的處境，機率幾乎是零。

成長過程，因為生存的焦慮與挑戰，每個人都不得不被各種不同的價值信念力量拉扯，也隨之養成了特定的生活習慣。但，人是活的，身體不斷地成長、變化、老化，而周圍環境也一樣在快速轉動中，因此，每隔一段時間，原本稍微穩定的自我認同，就會開始鬆解。艾瑞克的發展階段理論僅提到少年時期有自我認同危機，但在這樣多元多變、資訊交換迅速的時代裡，人生有各種可能，我是誰？我能做什麼？我可以成為什麼樣的人？這些問題不僅會在少年時期出現，青年、壯年、中年、中老時期、甚至八十歲的晚年期，都可能重新解構建構。

所有的自我分類與發展階段的理論假設，可以幫助我們方便理解，但真實的現象永遠無法以單一類別或固定的發展階段去理解。沒有人完全是物質主義或純粹精神主義；身、心、靈也是表面分類，底層是緊密相連相通，難以區隔。生病時，容易沮喪不安，而心理不平衡時，靈性也會快速溜走，難與他者連結。反之，身體的不舒服或疾病，也可能來自心理問題，甚至是心理疾病導致身體崩潰；身心問題更可能來自靈性的匱乏，例如缺乏意義感以及與他者的親密關係。很急著要做片面的自己，沒有整體關照其他被忽略或潛藏的需求與處境，被壓迫剝削的自我終究會反撲。**人的內在動力系統很複雜，是個小社會，也是個小宇宙，彼此會團隊合作，相互支持滿足對方，但一旦不公平，失去平衡，就會競爭衝突，甚至相互廝殺，要做哪個自己，其實不太容易搞定。**

我們存在關係裡，無法完全獨立生活，與人的關係，與社會的關係，與環境的關係，與他者之間的關係糾葛綿密，牽一髮動全局，要「做自己」其實超級不容易，我至今尚未遇到可以完全做自己的人。每個人除了自己獨有的本質，也一直加入各種不同的社會成分，規範、價值、道德、倫理等。自己是誰？其實與文化脈絡無法切割。每一部份的社會認同，每一部份的生命主體都各自有其需求與欲望，究竟要聽誰的，要做哪個自己，這是人生到終老都難以止息的拔河，各有輸贏，很難一直維持在平衡的位置。

自我統整的重要性

但是，像螞蟻一樣過集體生活，不想自己是誰，難道就安全嗎？有同學說，不要有「自我」，是否就不會有這些煩惱了？結果另一位同學犀利地回說：「這個假設根本無意義，因為我們根本不可能沒有自我，說沒有『自我』，這只是自欺欺人而已。」我非常同意「我們根本不可能沒有自我」這句話，我原本心裡也這樣想，但我很高興聽到學生說出我的想法，學生的語言辛辣嗆人，讓同學能保持清醒，若換我來說，可能又開始說教，讓人無聊，甚至引起學生反彈。

不要有「自我」就沒煩惱了，這的確是自欺欺人，人就是人，與螞蟻、蜜蜂的生物本質不同，人有思想、有感覺、更有情緒，勉強自己過著集體生活，把生活方式與方向交給他人來決定，例如父母、老師、老闆、政府等握有權力的人，不思考，不反叛，這必須相當壓抑內在自然湧出的思想感受。等到有一天，自己也握有權力時，就很難繼續壓抑，不但會複製前人的行為模式，更可能讓自己的想法感受極度放大，也成為一個壓迫別人的人，以權力強迫他人應該怎麼想，怎麼感受。

這種集體性與權威性，對個人、對整體社會，可能是更大的災難。我們回顧人類歷史，天災的死亡人數，遠不及戰爭人禍的傷亡。多數人服從權威，社會的權力與財富集中在少數人身上，萬一這少數人是盲目偏執，會將整體社會帶入巨大悲劇。因此，我還是認為努力認識自己的多元想法與感覺，在每日生活中，逐步往自己的核心趨近，努力統整自己，內外一致，整體社會的風險會比較低，個人的生存風險也會比較低。

人為何活著？

一位剛考進大學不久的新生，在學生輔導中心諮商室淚水汪汪問我：「人為什麼要活著？」她猶豫了很久，經過很多次的會談，才有勇氣說出自己的困惑。之前談了幾次，只說很痛苦，一開口就一直哭一直哭，但不知是什麼原因。她不敢告訴家人，不敢告訴朋友。

我沒有立刻回答她的問題，繼續問她為什麼不敢跟媽媽或同學談這個問題，甚至面對輔導室的老師也是不放心。她說怕媽媽擔心，怕媽媽跟自己一樣不知道答案，也怕同學老師說她很奇怪。我心想，這女孩是不是有直覺，知道我不會覺得她很奇怪，才願意對我說。

我的確對這問題一點也不陌生，也是在大一時這個問題浮上檯面，重複在我大腦徘徊。當時，剛脫離聯考的壓力，大學課程不像高中全天排滿，一週就只上二十多小時，考試不多。但大學離家兩百多公里，我與七位陌生大學生住在窄小的宿舍，其中有五位是「學姊」，有幾位已經大四了，比我大幾歲，我有些緊張焦慮。每人分配一張小床，一張小書桌，沒有客廳電視，沒有廚房餐廳，上下鋪的床位，我分配到上鋪，與天花板很近。

雖然大學生活有很多選擇，學校的社團也都急著向新生招手，週末有各類型聯誼活動，是可以輕易填滿時間的。但是面對大台北陌生環境，複雜的公車系統以及都會人的世故老練，有種舉步維艱的茫然。

我時間變多了，即使留在八人同一間寢室的宿舍，多數時間還是感覺一個人，室友互動不多。不知是因為孤獨寂寞還是人生首度釋放出的自由，我開始很投入地問自己為什麼活著？活著的理由是什麼？不過，與眼前輔導中心這位學生不同的是，當年不僅問自己，還會想要找人討論，雖然到處碰壁，但並不覺得我有任何問題，好像天經地義，每個人都應該會問這個問題，都應該問人為何要活著。

我急著找答案，但想了一段時間，一直都沒有滿意的答案，不禁問自己，既然找不到答案，為什麼還是一天又一天活著？這一問，嚇了一跳，有些尷尬，找不到活著的理由還繼續活著，感覺很丟臉，活得不正當，有些心虛。此刻回想，覺得有點恐怖，我好像只用大腦在過活，理性控制了我的存在。還好我貪生怕死的本性，我的大家庭讓我從來沒有想死或傷害自己的念頭，只要回到中部老家與爸媽哥姊生活在一起，好像就不會想這些問題。

將近三十年了，我已經不記得當時別人給我的答案是什麼，也沒有印象是否找到活著的理由。只知道，隨著之後談戀愛，準備未來生涯，出國讀書，就業適應，經歷生命的悲歡，生離死別，處理不完的事，因應不完的危機，「為何活著」的問題慢慢淡出意識空間，淡出生活世界。

名與利不是人生的全部

我一邊聽著學生絕望地敘說，一邊回想當年的自己，努力回憶當時是怎麼「解決」這個問題的，或許可以給眼前的學生一點意見。但一小時會談時間就要結束了，我還是沒有線索。我不但無法告訴她「人為何要活著」，而且麻煩的是，我也無法說清楚我現在活著的理由是什麼。只好問她一些問題，繼續聽她說。我問她是什麼時候、什麼情境下開始出現「人為何活著」的問題，我很幸運，學生話匣子打開了，我逃開無法回答她問題的困窘。

她翻開我建議她寫的心情筆記，自在地描述這一週的生活狀況，好像一點也不急著要我給她答案。然後她給我看了一段書寫，說她的思考很跳躍式，也就是一個念頭出來，又會接著另一個念頭。

我靜靜聽她說，默默觀察她，覺得這位學生的某些特質與自己很像，經常在說著一件事情，不知不覺又聯想到另一件事，別人覺得這是不相干的兩件事，就說是跳躍式思考，但我其實很清楚，表面上這兩件事不相干，看起來是平行出現，但底層是相通的。我不確定學生的跳躍式思考與我的理解是否相同，還是請學生舉個例子讓我更清楚她所謂跳躍式思考是什麼。學生認真地翻了翻她的筆記本，果真找到一段心情書寫，一邊比著筆記本給我看，一邊就朗讀出來：

我想要有名有利，有名有利才能在社會上生存，但是有名有利一定要懂得交際，但是我又不喜歡交際，所以我一定會錯過很多機會，不會有名有利，我一定會一文不值，流落街頭……

讀到這裡，學生覺得很沮喪，又開始哭了起來。這回不僅是她難過，我聽起來也覺得好累、好無力，她的一連串想法，最後就是走到死巷，完全沒有出路，這不是我想像的跳躍式思考，這是劃圈圈困住自己。但學生分享這段話其實是與之前的問題相關，因為在圈圈裡面出不去，沮喪絕望，沒有希望感，看不見出路，才會不解自己為何活著。

學生陷入自己的認知圈套裡，像條繩子緊緊纏繞她的脖子，讓她窒息不能呼吸，但我不想對她說教，不想一本正經地勸誡她說「其實名與利不是人生的全部」，這是她的價值觀，我尊重，尊重她認為名利的重要性，尊重她不愛交際，也欣賞她能坦誠勇敢表達自己的想法。此刻我能做的，是幫她剪斷那條纏著她，讓她不能呼吸的認知鎖鍊，也就是「要獲得名利一定與交際能力相關嗎？不喜歡交際的人就一定不會成名獲利嗎？」我覺得學生的邏輯不通，認知謬誤，準備要與學生辯論一番。

學生並未察覺自己的推論是有漏洞的，以為自己的假設就是事實，陷入其中不能自拔。她似乎還不清楚，有很多人深居簡出，專注在自己喜歡做的事，只將成果展現於世。一旦成果對他人有用或能引起共鳴、讓人感動，社會大眾立刻蜂擁而來，很容易成名獲利，但是，當要與他們交際時，他們反而避之不及。學生還不知道很多成功的人是很不愛交際的，可能也還不清楚，只為了獲得更多爬升機會而與人交往、把他人當工具的交際，是不可能營造堅固信任的人際網絡，反而惹人反感，失去更多機會。

在會談的最後幾分鐘，我舉證一些實例，試圖讓學生不要這麼早就將自己判死刑，給自己一點機會。她說她懂了，因為後來她也想到，名與利不一定與交際有必然相關，並不需要我的分析。我想進一步聽她說，如何悟出名利並不一定與交際相關，但時間已經到了，下一個小時我已經與先生約好，回宿舍一起採收芭蕉，這是這一天中唯一的空檔，我不想錯過，於是會談就在此結束。

我此刻活著的理由是採芭蕉！

學生陪著我走出行政大樓，我拜託她回去整理一下剛剛的對話，下週帶來繼續討論，她微笑點頭。我們繼續邊走邊聊，我瞄一下手錶，發現已經過了十幾分鐘，我心惦記著要採芭蕉，腳步加快，毅然與她說再見，轉身往停車場方向快步走。走了兩三步，我忽然想起了什麼，好像一開始會談提到的問題：「人為什麼要活著？」我一直沒回答她，突然這時有了答案。

我反射性地回頭，大聲對著距離十幾步遠的她說：「你知道我此刻活著的理由是什麼嗎？」學生一臉茫然搖頭，我沒有要吊她胃口，反而像小孩子獻寶般脫口而出：「我要去收割自己種的芭蕉！」

她眼睛睜得大大，表情驚訝困惑。想也是，這是什麼答案？大學教授活著的理由是採芭蕉？我想，在我二十歲的時候，聽到這樣的回答也會覺得無厘頭。不管了，這是她的問題，讓她慢慢想，我要去採芭蕉了，一大串芭蕉已經有兩根黃了，飽滿的芭蕉等不及要離開樹了。

我剛搬入學校教師宿舍不久，想在與隔壁宿舍之間的空地上種點觀葉植物，躺在沙發喝咖啡、閱讀時就可以欣賞植物，又能與鄰居保有居住隱私，就想到香蕉樹的葉子很大很綠，一定很適合。我母親向鄉下朋友要了三株芭蕉幼苗，當時只希望芭蕉能活著就好，不敢期待這麼小的空地能長出果實。

然而，先生Bill很會種樹，是植物學博士。兩年後，芭蕉樹已經比二層樓的房子高，而且每一棵都子孫滿堂各自成了大家族，這是第一代芭蕉的最後一株。兩天前發現一根芭蕉已經黃了，但一直忙著沒時間收成，每週住在學校宿舍只有三天，工作排得滿滿，我有點急了，擔心芭蕉不能等，好不容易找到一小時空檔與Bill約好採蕉，我叮嚀自己不能錯過。這一刻，好像沒有任何事情比收割芭蕉更重要、更興奮。

一回宿舍，快速將外出衣服換下，換深色棉衫運動長褲，戴上布手套。芭蕉樹的莖梗一鋸開，會流出很多汁液，衣服一沾上便洗不掉。我們的芭蕉很高大，比兩層樓的宿舍房子還高，雖然因為大串的芭蕉的重力導致樹已傾斜，但仍比Bill高了幾尺。他搬了一張餐廳椅放在芭蕉樹下，踩上椅子，雙手扶著掛滿芭蕉的長梗，梗的尾端仍懸著沒開完的深紅色花苞；我則負責一點一點鋸斷樹幹，希望樹能慢慢倒下。兩人都很緊張，怕芭蕉快速落地而摔爛，又怕自己被芭蕉砸傷。前兩株芭蕉都已開花長出好大串蕉，卻被造成八八水災的莫拉克颱風吹倒，這算是第一次收割。

我不知道這大串芭蕉有多重。我只能這樣推估：一整串共有十小串，每串大約有十六根芭蕉，所以共有一百六十根鼓鼓肥肥、長約十至十二公分芭蕉，看來大概有二、三十公斤。當我鋸到樹幹的三分之一深時，開始聽到撕裂聲，這時Bill大聲喊停，我放下鋸刀，雙手抵住樹幹，減緩斷裂的速度，他跳下板凳，手仍扶著芭蕉串，身體移動到比較安全的位置，然後我過去一起扶著芭蕉，讓樹幹自然斷裂，芭蕉安全著地！

兩人抬著芭蕉，很吃力，無法想像的重。將芭蕉挪到院子屋簷下之後，開始整理小小芭蕉園。吃了一輩子各種蕉，我到現在才知道一株蕉只收成一次，所以，採蕉也等於必須砍下蕉樹。而種了芭蕉之後，也才知道芭蕉與香蕉口感味道不太一樣。我們將已採收的芭蕉樹莖幹與葉片鋸成小片段，環繞疊在自然長出來的年輕芭蕉周圍，就像曼陀羅一樣，很有美感。不久這些葉片與莖幹就會腐爛，慢慢化為養份，滋養新長出來的幼苗。這些芭蕉沒有任何人工化學肥料，所有的養分都來自學校落葉、被除掉的雜草、以及我們到處去咖啡店蒐集的咖啡渣。

週三下午學校工作結束，原本早早要回台中的公寓，因為芭蕉豐收，特別留下來分贈左鄰右舍。這株芭蕉樹在窗外陪伴我們兩年多，看著它從小樹苗長高長壯、開花、結實纍纍、漂亮地懸掛在窗外很多個月。完成使命後，又化為養分協助後代子孫繼續開花結果，圓滿人生應該就是這樣吧，生生不息地循環。我們將大部份的芭蕉贈人，想分享的或許是這圓滿滋味。

大學時代的自己

採下的芭蕉，分完左鄰右舍已是晚餐時間，我預留一串芭蕉要給住在鎮上的大學同學，他邀我們一起吃飯。與這位大學同學很有緣，年少當同學，中年當同事，他已是社工領域的名教授，而我仍在學術界苦苦掙扎，總被這個務實的同學嘲笑，一天到晚做夢，不切實際。同學說話親切鄉土，看起來很老實，但一不留意才發現他的話酸辣又直指要害，總讓我不知如何接話。雖然不同調，不知為何，我很信任同學，直覺這個人是刀子口豆腐心，傷不了人，而且有困難找他一定會幫忙。平時不愛交際的Bill在他家的餐桌上相當自在，談笑風生，他盡情地享受豐盛食物，不斷結結巴巴說中文，一點也不會不好意思一口破碎的中文，即使同學說：「怎麼來台灣七年了，國語還說成這樣，外籍新娘來一年，都比你說得好。」Bill卻一點也不介意，就把責任推給我，說都是因為我不跟他說中文，所以他沒機會練習，讓同學又有機會數落我的不是。

這天，我與大學同學相聚，不知不覺又想起大學時代的自己，那個剛從中部小鎮到大城市，滿腦想著人生的意義與活著的理由這類「怪」問題，防衛、批判、充滿困惑的大一女生，又更鮮明浮現腦海。這是巧合嗎？早上諮商室留下來的問題，繼續在同學家的餐桌上發酵。

那時候，我剛從聯考升學壓力解放出來，也不是很清楚自己喜歡什麼，想做什麼。小學到高中畢業十二年，每個階段目標都很確定，國小畢業，一定要上國中，沒有人能例外。國中生活目標更清楚，想都不用想，第一學期結束學校立刻「能力」分班。所謂「能力」當然只看成績，我被編入升學特訓班，全班目標一致，就是要考上明星高中之後繼續上大學。長大過程路是這樣明確，只要分數夠，就可以繼續在這條跑道上前進。因為跑道上的空間有限，越來越窄，得跑快一點才能甩掉很多人。

三十年前，進入大學的門很窄，一旦被擠下，除非家庭很支持，自己意志力很堅強，進入補習班準備重考，否則要再考上的機會渺茫。這個所謂公平的聯考制度，對於中下層階級的人，只有一次機會，無法重來，家人會要求「不會唸書」的小孩立刻進職場，賺錢貼補家用，快速獨立，不成為家裡的負擔。

我其實不太順服學校的壓迫，覺得教科書很無聊，總是半推半就地讀，對考試成績要求不高，國高中成績大概都維持在中上。我無法緊逼自己做無聊的事，心想只要能考上大學就好。當時不知道各個大學之間的環境與素質差異這麼大，以為「大學生」都一樣。中學時代，我會偷閒讀小說、人生哲學之類課外書，只是，比起當時允文允武，還沒上大學就寫出《擊壤歌》，娓娓道出多采多姿的高中生活，又能輕易考上台大的明星才女朱天心，我的功課與生活真是平凡地可憐。高一的國文老師來自台大中文系，也是校刊編輯，她總要拿朱天心在台上宣揚，刺激台下沒什麼個性與熱情的同學。我總覺得自卑，等到很多很多年，繞過半個地球之後，終於鬆了一口氣，可以分清楚，朱天心是朱天心，我是我，不再被她的陰影糾纏。

當時還有一個風雲人物，就是拒絕聯考的小子吳祥輝，雖然佩服他的勇氣，也買了那本書看，但我並不想學他，因為我很想當大學生，很想過大學生活，當然，很現實的是，我也沒有拒絕聯考的勇氣與才情。整個社會將大學拱成夢幻天堂，可以由你玩四年。國中讀瓊瑤，高中讀《未央歌》，以為大學裡到處都是知性感性兼具、有思想有靈氣的人，彼此談天說地，暢談古今，相知相惜。期待在大學裡會結交到最好的朋友，像《未央歌》裡的同學情誼一樣，最後也會自然地談戀愛，找到命中的另一半，一起攜手共度未來。大學是經過十二年制式化生活之後，社會給「努力讀書」學生的回報。我並不只是因為大家都想上大學才嚮往大學，是真的對大學有很大的幻想。

然而，幻想中的大學生活並沒有出現，也沒有遇見像《未央歌》裡的人物。多年後我在紐約讀書，與正在New School攻讀社會學博士的大學同學重逢，與他在大學四年期間並沒有什麼對話，可以說交情不深。我從國小到高中，班上同學都是女生，上大學之前沒有任何男性朋友，所以剛上大學時，與男生相處很笨拙不知所措，像刺蝟一樣全身武裝，說話很直接，一不小心就刺傷人。在紐約與同學重逢，我已過了三十歲，他鄉遇見老同學倍感親切，談話也就比較直接。我抱怨起大學生活的無趣，與《未央歌》裡的大學生活無法相比。這時，同學睜大眼睛看我，帶著詭譎的笑容，提高音調字正腔圓地說：「原來你是帶著《未央歌》來上大學的！」我不是很明白他的含意。或許因為我心虛，覺得自己差勁，沒有判斷力地陷入鹿橋虛構的浪漫世界裡，怕被笑天真無知，看不清小說背後的社會真相，所以也不敢繼續問同學那句話到底是什麼意思。

經過了三十多年，與大一新生在諮商室的對話之後，回顧當年，我好像比較清楚看見大學時的自己。一個長期的目標達成了，從中學解放，沒急著要追求下一個目標，而且離開家人獨自生活，沒有親密關係、親密友誼，第一次有著天地雖大，但僅是一人的孤單。沒有一定要做什麼，不用為任何人而活，無人可依賴，也沒有人依賴我，前面沒有固定的路了，就在此停留四年。**這是我有記憶以來，第一次處在這樣真空狀態，第一次有大把時間與自己相處，怎能不問人為什麼活著，從哪裡來，要往哪裡去？**

早上諮商室的問題不了了之，我還是沒有回答學生的問題：「人為什麼要活著？」與她會談結束後，我滿腦子都是芭蕉，採完又回學校開會，在研究室工作到黃昏，然後又忙著分割芭蕉，一串一串清洗送人。終於，夜晚了，白天的活動漸漸止息，放鬆下來與大學同學吃飯喝茶，那惱人的問題又升起。年近半百，同學還是同學，我還是我，這樣的問題與這位同學討論可能又被他嘲諷「吃飽太閒想太多」。他是一個有具體人生目標的人，不斷地向前挺進。他像我的家人一樣，有好吃的會分享，有難會幫忙，但要與他談「人從哪裡來？要往何處去？」這種摸不著、看不見的問題，算了吧，別自討沒趣。

在大學同學家，我清晰地看見大一時的自己，腦海裡影像也一直出現一早來諮商的大一新生，這種突來的「共時性」總讓我震盪不已，好像要暗示我什麼，或在幫我看清楚什麼，覺得**天地似乎一氣呵成，彼此相依相連**，也讓我不得不繼續想著學生的問題。與學生揮手再見時，隨興告訴她活著的理由就是採芭蕉，那，採完芭蕉之後呢？

從同學家開車回到宿舍，夜已深。十二月初，山上空氣涼冷，滿月高掛，一天的工作與活動緊接不暇，但事情一件一件圓滿地結束。收割芭蕉、送芭蕉，然後呢？活著的意義又是什麼呢？學校內的教學行政工作在周三晚上告一段落，密集的行程總算結束，夜晚校園相當寧靜，一陣空虛快速襲擊而來，突然，強烈地想暫時遠離工作場域，離開校園宿舍，隱身到都會的高樓公寓。

有沒有其他更好的存在？

黑夜中，開了一小時車，回到台中的家已十點多，疲累頭痛，什麼也不能想，已經在學校日夜連續工作三整天。我一進公寓，先到浴室塞住浴缸出水口，打開水龍頭，轉到最熱，讓水流著，轉身到廚房，從冰箱拿出冷凍的剩餘麻油雞湯放在鍋子，用最小火加熱。然後更衣、餵魚、餵狗、整理包包、泡澡、喝熱湯，一連串反射動作，溫熱疲憊接近無感的身體，也溫熱三天無人居住的小公寓。

完全放鬆之後，坐下來重讀去年發表的一篇論文，因為下午一位同事談起她的學生引用了我這篇文章，就決定送同事一份抽印本，但研究室沒有，一回家趁記憶還在，先準備好放在背包，下週才不會忘記。距離寫這篇論文已經一段時間了，我不知道是否還喜歡這篇論文，如果自己不喜歡，就不好意思邀請別人閱讀了。

長達四十二頁的論文，一口氣讀完，還是認同自己幾年前的想法，是論述社工教育如何忽略社會工作者的職場風險。我閉眼靜坐片刻，回想寫論文的時光，完成這樣一篇論文，得相當專注，花很多時間，一旦投入論文的書寫，整個注意力慢慢被論文吸住，成為生活的焦點，無論環境空間或是大腦空間，裡裡外外，除了必要的學校工作以及每週回老家與爸媽小聚之外，生活唯一的焦點就是論文，周圍世界幾乎都成了背景，忘了空氣的溫度，不記得食物的美味，經常沒睡飽，大腦被論文霸佔，好像在打戰一樣，亢奮、驚奇，有時也會享受神馳忘我的滋味。

寫論文與蓋房子一樣細密繁瑣，完成一篇論文之後，抬頭看周圍世界，像久別重逢，新鮮又陌生，好幾個月過去了，人生彷彿空了一大塊。一篇三、四十頁的學術論文，要磨上一整學期，從完成博士論文開始就起了疑，這真的值得嗎？還要這樣一篇一篇寫下去嗎？有沒有更好的存在滋味……

深夜一兩點了，遠離學校回到自己的小窩，好像又是一個新的開始，東摸西想，書房像是久別的戀人，捨不得回臥房睡覺，但眼皮卻已無法靈活伸縮。好像有點懂了，**人為什麼活著，活著的理由是什麼，不一定是由大腦決定的，身體也有自己的方向**，此刻就是想睡覺，最好睡到自然醒。至於活著的理由是什麼？明天再說吧！

後記

「明天再說吧！」這個「明天」，竟然相隔了整整八年多，將近三千個明天！此時，文中的大一女孩，已經研究所畢業進入職場，找到喜歡的伴侶，人生滿滿的期待與希望。前年一個冬日，她高高興興來找我，我請她到課堂上與學弟妹分享她的精彩經歷，下課後一起到山下一家好吃的拉麵館午餐，再也不提「人為何要活著」，而我從家庭與工作最煎熬的中年，逐步邁向花甲之年，生活步調漸慢下來，此刻，竟然忍不住再一次問自己，那，我活著的理由是什麼？

八年前我沒有答案，應該是覺得這問題本身就是一個大陷阱，假設活著本身一定要有什麼理由，但當時的我大概已經放棄了這個問題，活著就是活著，還要找什麼理由？手上工作總是滿檔，焦慮是否能做好，不確定我有沒有誤人子弟，能否經得起社會的考驗；另一方面，持續擔心與悲傷親人離去，家族正在分裂重組中。在那樣內外世界皆不穩定的日子裡，能活在當下，專注眼前事情不想太多，身體沒有不舒服，就是最好的存在了。但我不忍對著茫然的大一新生直言潑冷水，勸她別想這種蠢問題，她讓我想起年少的自己，已經失蹤好久，一直沒有好好去認識的自己。

大一告別了高壓的中學，對「讀書這件事」疏離抗拒。我沒有大煩惱，能吃能睡，但也沒有熱情活力，沒有欲望目標，搞不清楚為何要活著，這一段真空困惑的時光在我還沒搞清楚前就結束了。因為大一下學期被推到全校新生杯辯論賽，熬夜準備一場又一場的激烈辯論，自己因好奇原住民部落生活，而加入紀律嚴謹的山地服務社團。我開始被拉入了外面的世界，好奇沒去過的地方，沒見過的人，沒讀過的書，沒聽過的知識理論，沒做過的事，同時也被外面世界挑戰。也許潛意識裡相信，只要積極地去探索這未知的世界，觀察別人怎麼過生活的，去親身體驗，就會找到活著的理由。

現在呢？經過四十年，走過天涯海角，繞了半圈地球，找到了嗎？……停頓了不算短的時間，腦海還是沒有答案。我為家人、小狗而活嗎？為工作而活嗎？以天下之憂而憂嗎？周圍人、社會、環境一切，是我活著的理由嗎？不，這都太牽強不真。他們是我生活的一部份，與我息息相關，但我並非因為他們存在我才存在。父母生下我，但他們從沒有對我說：「我們生你是為了什麼什麼……，或生你來做什麼的……。」

喔！寫到這裡，**我突然覺得太幸運了，父母從來沒有將我當作工具，他們沒有將個人不能實現的夢想願望加諸在我身上，要我去幫他們實現，也沒有洗腦我，成為任何傳統價值與意識形態的奴隸。我小時候體弱多病，他們很努力讓我活下來**，但從沒耳提面命交代我，應該為什麼而活，為誰而活，**就只希望我活著**。

他們也沒告訴我，生命的意義應該是什麼，人生的目的是什麼。我至今記得，我的小學到中學，學校教育對這個問題有標準答案：「生活的目的，在增進人類全體之生活；生命的意義，在創造宇宙繼起之生命。」但這兩句話無法解決我的疑惑。可能我發展遲緩，也可能我能力不足，經過半個世紀，連自己都無法完全搞定，很難想像有能力去增進人類全體之生活；我也沒有生養小孩，也不能體會生命的意義在於創造宇宙繼起之生命。

無法創造任何新生命，難道生命就沒了意義？覺得這實在是很無聊又壓迫的教條，要求他人應該為何而活，也是很霸道。每個人都是獨一無二的，為何活著？想怎麼活？都得自己去摸索，自己去創造，旁人實在不能多說什麼。

有一天，我看著在筆電鍵盤上移動的雙手，突然有著很深的感恩和感動，十根手指各自獨立，卻又緊密相連，完美地相互合作，我繼續觀察我的雙腳，一樣被這精巧的設計感動不已，我能自由移動，我的手能做這麼多事，我的身體每個器官，眼耳鼻口，我的皮膚，我的每一個細胞，都是獨一無二的生命，卻又彼此緊緊相連，身體由億萬生命共同組成，我們一起共生共存，但我經常視為理所當然，完全沒看見他們的存在，或者有時也像個獨裁者壓迫他們。這精巧的雙手引導我看見周圍處處存在的生命，他們似乎都是我身體的延伸。**活著是奇蹟，是被賦予，沒有理由，我毋須為活著本身找理由，但可以反覆探問，我想怎樣地存在，然後勇敢篤定地活著。**

整理這些文稿，修改到最後幾篇時，感覺輕舟已度萬重關，好像很多事通了，就是這樣過生活吧。但另一方面又有些忐忑不安，總覺仍在海上航行，大意不得。

曾經，對世界的好奇，吸引我一往直前。只要能多讀一點書，多看一點不同世界風光，多體驗一點新的事物，就有成就感，對自己生命有了交代。於是，總是有下一本書要讀，下一個地方要看，下一件事情要體驗，下一個目標要完成，大腦塞滿想做的事，安全地走在社會的軌道裡。但在美國讀博班時，伴侶突然得了不可逆轉的重病，整個淹沒了我探索世界的欲望與好奇。我們博士課程中斷，隱身在一個不曾住過的城市，住在傳統菜市場旁的老舊房子好幾年，靠著幫中小學生補習英數維生。我的人生從此破了一個大洞，這個黑洞不時散出強大磁場，緊追不捨。

努力地，好好存在

往後一、二十年間，能夠專注工作、讀書、教書、寫論文，不多想什麼，對我而言就是最好的狀態，不再想什麼是美好生活。完成博士學位不久，到一所技職大學教書時已過了四十歲，我覺得站在台上時的我，應該是有活力熱情的，卻沒想到有一天，一位修心理衛生課程的大二學生關心地問我說：「老師你是不是有憂鬱症？」

受傷的草莓，沒有放棄繼續成長

學生的質疑讓我驚訝，不解學生怎麼會這樣想。我能吃、能睡、能工作、很久沒有流淚、沒有自殺念頭，完全不符合憂鬱症檢測的基本症狀，學生是依據什麼說我有憂鬱症？我反問學生為何這樣認為，她毫不猶豫回答說：「因為妳總是穿黑色的衣服。」

這太可笑了，我心裡鬆了一口氣，以為學生掌握了什麼具體證據，我的尾巴露出來了自己都不知道；結果只因為我穿黑色衣服，這完全無法說服我。我立刻向學生解釋，黑色不見得象徵憂鬱，我在紐約住很久，黑色衣服是紐約上班族的主色，整個城市上下班時，人行道上就像黑潮一樣快速流動，如果穿黑色是憂鬱症的指標，那百分之八十的紐約人都中獎了，這不符合憂鬱症大致不超過百分之十的人口比例。而我習慣穿黑色衣服，因為黑色讓我覺得俐落、專注、有力量、隱形、不被注意、不易受干擾、能移動迅速等等。我急切地說明澄清，似乎很努力地要讓學生放心，我沒有憂鬱症，別擔心，我只是非常投入在工作上，不想被注意，不想與人社交。

雖然當時我回答學生的都是事實，但之後幾年，我常會想起這位學生的話。學生就像指出國王沒有穿新衣的小孩，天真誠實，讓我不得不低頭看自己，不得不承認，我是受了傷，而且一直還沒復原，一部份的我奮力要活著，但無論如何還是藏不住傷痕。

這讓我想起最近宿舍後院草莓的不幸事件。我種了兩三年的一小片草莓，正值生產季節，每週都有二三十顆大小不等的果實可收成。一個連續下雨多日後的清晨，終於出了大太陽，我將許多尚未成熟的草莓用四號塑膠夾鍊袋套住，避免被小鳥昆蟲螞蟻吃掉。到了下午，我到後院澆水，發現所有套袋的草莓都爛了、黃了，讓我很心痛驚慌。原來塑膠袋裡面有水，應該是下了很多天的雨，草莓含了大量水分，經強烈陽光直射，大量脫水，然而塑膠袋無法排水，溫度直線上升，草莓受困在高溫潮濕的塑膠裡。我看到尚未成熟的草莓被我悶死，除了自責難過，更慚愧自己的小心眼，怕鳥蟲分食。當下將所有塑膠袋移除，希望草莓仍有一線生機。

過兩天，我驚訝發現有幾粒草莓，雖然有一邊是仍是爛黃色，但另一邊則是健康的粉紅，摸起來是結實的果肉，又過了一天，紅色的部份又增加了一些，草莓繼續在成長，沒有放棄，受傷的草莓，仍奮力繼續成長成熟。我看著草莓許久，很感動，原來二十多年來，我好像也如此。

某種程度，這位大學生的「直言」攪動了我。不可否認，色彩與心情是相關的，一部份的我隨著與我連結甚深的人死去而沉寂停滯，對許多俗世生活了無樂趣，一心一意往心靈世界探尋。穿黑衣或許是一種隔離的宣示，也有人跟我說我很酷，很嚴肅、很難接近，甚至也有一位男同事對我說：「你怎麼不去買幾件有色彩的衣服？看你每天都穿黑的。」當時我有點被冒犯，覺得這個人對色彩歧視，沒理會他。但學生的直接質問，卻讓我清楚看見一部份的我，一直鎖在深深的悲傷裡。

之後，我慢慢改變衣服的色彩，多了一些深咖啡、深藍、深灰色系的衣服，買了幾條牛仔褲，換掉正式的黑色上班長褲。復甦了幾年，顏色慢慢亮了一點，感覺就要重新展翅飛翔。過了幾年，我也有能力調侃自己，會跟台下的研究生分享我因為太常穿黑色衣服，被大學生認定是憂鬱症的故事。有個同學聽到這段對話，非常認真地對我說：「老師，你的衣服雖然沒有色彩，但我覺得你的內在是彩色的，繽紛亮麗。」我當下全身湧出陣陣熱流，百感交集，鼻酸眼朦朧，差點落淚，這學生真是會安慰人啊！

很快地，人生就走至半百，父母好友在這段期間又相繼病逝。那前後五、六年時光，我第一次體驗恐慌的滋味，體會到什麼是怕。才剛從黑洞裡想要爬起，才適應了一點光，就感覺到死亡步步逼近我，面對有限的未來，一時茫然不知方向。

奇怪的是，面對傷慟，我是軟弱沒有力量，甚至到了後來沒有自覺，任一部份的自己慢慢死去。但是面對「怕」的感覺卻很不一樣，慌與怕竟然讓我生氣了，竟然也生出了力量，想要與這樣的情緒狀態作戰，當時，我沒有雅量與「怕」共處，視「恐慌」為莫大敵人。

我的人生還有機會翻盤嗎？

我認真追蹤我在慌什麼？怕什麼？具體看見了自己有各種不同形式的大怕小怕。怕自己事情做不好、工作做不完讓人失望、怕對不起人、怕車子突然故障、怕電腦中毒、怕房子東壞西壞、怕晚上睡不著、怕浪費時間、怕浪費錢、怕計畫好想做的事沒進度、怕親人死亡、怕生病、怕生命隨時會結束⋯⋯，外表犀利雄辯的我，內在是這樣膽小。「怕」讓我戰戰兢兢，謹慎小心，無法放鬆，無法好好過生活。

好像長期爬著崎嶇的山路，怕摔，怕被勁草割傷，怕被樹枝絆倒，怕被不明生物攻擊，怕糧草不足，怕陽光曬，怕寒風吹，怕體力不夠，擔心受傷的同伴，哀慟同伴死亡而無力向前等等。身體總是處於戒備狀態，埋頭一直往前爬，一直沒能找到安全的地方停下來好好喘一口氣。等到終於發現一個比較平坦的地方，一停下來休息，想要欣賞周圍的風光，這時卻腳軟、身體顫抖不停。而這平台也無法停留太久，然後呢？是下山了，還是繼續往上爬？身體正敗壞中，烽火四起。

送別父母之後，通往生命的終點已無屏障，彼岸清晰可見。我曾相當焦慮戀人親人的死亡，但最後他們還是走了。回顧數十年的人生，我無法大聲篤定地說，我的人生很美好，而此時身體卻已經每況愈下，我還有機會翻盤嗎？我是應該慌！

與「怕」大戰幾年後，不知是累了，還是認了，生活開始不太一樣了。有一次我在長期帶領的讀夢團體裡分享夢，我說我愛工作，愛人、愛狗、愛花、愛樹、愛草，但就是沒有好好愛自己。現在回想，覺得當時說不愛自己實在不真實，好像我愛狗愛花草，勝於愛自己，這有點虛假。雖然那時候這樣說是真的覺得我不夠愛自己，沒有覺得自己不誠實或說謊，在自己很沉溺的時候，根本無法站在高處看見全部的現象。事實上，這麼多年來，我一直圍著「自己的問題」團團轉，從來沒有離開過自己，怎能說不愛自己這樣扭曲的觀點呢？比較公平的說法，應該是我無知無能，不夠懂得愛自己，總還不滿意當下的存在，但對己之愛其實一直在。

課堂上，學生經常提到「無力感」、「厭世」，也經常痛苦地說，根本不知道自己想做什麼，因為以前從來沒這樣問過。這時，我總忍不住對這些學生說，來得及，現在想、現在開始去做，都一定來得及，**只要真心、不壓迫、不帶批判地問自己，一定知道自己想做什麼。堅定地告訴自己，就是要好好過活，這樣堅定的意志，對於千變萬化的外在環境適應，對於自己情緒起落的安頓，就會像一盞明燈一樣，幫助我們抒解眼前困境。**我這麼急切地對學生說，說穿了，還是自己的投射，是自己對自己的信心喊話。

也許，長大之後，最大的敵人，最大的壓迫者，最難過的關卡真的是自己，不再是別人了。**幫我們畫界線的人早已離去，我們卻將他們留在內心深處，繼續允許他們框架自己。**剛出生的嬰兒，沒有好壞對錯的分別心，但沒多久，周圍的人開始下指導棋，並以各種手段加以控制。當然也有少數大人會調整自己去適應嬰兒，也會被嬰兒改變，即使是完全依賴他人才能存活的嬰兒，其實也很有影響力，也很快就會與大人拉扯，鬥智鬥力。但能尊重嬰兒的大人終究是少數，權力太不對等了。一個人就這樣開始被周圍的人切割成兩塊，然後四塊，然後八塊，隨著遇到更多人，自我持續快速裂解中。因此，要認識自己是誰並不容易。

人有機會還原本真或本性嗎？這個問題是假設了人有本真，但是，學術上對於人有沒有本真本性，爭議不休，本體論與建構論者有完全不同的觀點。我學夢的啟蒙老師歐曼（Montague Ullman），他一生研究夢和人的潛意識，看見每個人都有不腐爛敗壞的核心，我們的夢就是來自這個核心，一旦我們能與那核心碰觸相連，所有外在的表面分裂都可能癒合。我投入讀夢團體將近二十年了，鮮明地感受到這個核心的存在。宗教經文告知世人，每個人心中都有佛、上帝就在我們內在，天堂存在我們的心裡，這些道理與歐曼的不腐敗核心理論相通。**不腐敗的核心有著強大的磁場，可以將散落各處的碎片吸回，也像是取之不盡的活泉，淨化被污染的生命，重新像嬰兒般活潑盎然。**

生命活水無法來自表面的世俗擁有，活水是來自做自己真正想做的事，無法取自他人，或來自對他者的控制，唯有內在有了活水，才能與生命底層核心相連相通，也才有真正的安全感，不再繼續往外攀求。我們或許難以避開他人的壓迫、剝削、歧視、扭曲，但可以選擇不要成為自己的敵人，繼續欺負自己，放棄自己，每個人都蘊藏著大量的能源，可以自己發電發光。

〈結語〉

互為主體的教與學，和生命的質變

從進大學，出國讀研究所，到此刻在大學裡讀書、生活、工作，總加起來的時間已超過三十年了，我越來越覺得，教授的工作不應是逼迫學生讀書，不是檢驗學生有沒有讀書，也不是替同學整理摘要書本重點，更非僅是既存知識的信差或傳聲筒。雖然以上這些我都做過，也不能保證未來不會繼續，但這樣的教學方式，只會讓同學繼續延續小學至高中的填鴨教育，被動地讀書，造成對書本的嚴重抗拒與敵意，對學生的學習自主性傷害其實更大。

我會說未來仍可能繼續脅迫學生讀書，仍無法拋棄以考試的方式檢驗學生的學習，或者繼續當知識的傳遞者，是因為要脫離這樣傳統被認可的教學方式，其實不容易。改變需要創意，需要能量活水，更需要勇氣抵擋來自學生與同儕的質疑眼光。尤其，當學生在課堂上意興闌珊，毫無學習動力時，如果老師已經無法可用，無計可施，不再反思改變，就會不知不覺高舉教師的權力壓迫學生讀書。高壓式學習，學生很不舒服，當這樣的老師其實也很苦、很累。我祈禱，我的教室不要陷入這樣的處境。每學期在寫教學大綱選教材時，都很傷腦筋，要怎樣教？教什麼？才能讓學生眼睛發亮，能體會到自我精進的興奮。

我設定心理衛生這門課的主要學習目標之一，是啟發同學探索自己的心理衛生，前人的思想以及既有的理論知識，則當作理解自己生命脈絡的參考，兩者交叉比對，以增強自我看見的深度廣度。我認為**對自身存在問題的探索，是理解他人的參照點；唯有從內在升起強烈問題意識，才能激起主動找資料閱讀、解答疑惑的動力，也才能與他者觀點實質對話**。之前，我總要求學生寫反思作業，也沒發現這樣做有什麼不對，突然有一學期，因為學生問了一個難以回答的問題，忍不住用寫的方式，寄給每位修課的學生。學生很有反應，我也覺得很痛快（寫的過程就是既痛苦又爽快），就這樣種下了後來陪學生寫的因。

當我開始以身作則，也將自己當作學生，跟著學生一起寫我要他們寫的作業，在學期中互相交換閱讀時，我才覺得之前的我其實某種程度是「壓霸」的大學教授。意識上，我一直認同平權、相互主體、教學相長的教學理念，真心誠意地在課堂上鼓勵同學發問、分享、討論。總以為自己相當民主開放，但學生經常還是沉默以對。直到我自己也下海，跟著學生做我要求他們做的功課，才比較清楚看見，之前無論我身段怎樣柔軟，光是每週「評論」學生心得反思，就明顯呈現教授與學生之間的權力不對等事實。

站在講桌後面的大學教授，有著大量知識當屏障，高不可攀，多數學生無法自在地與教授對話。我想實踐教學相長的理念，盡力成為言行一致的老師，連續幾學期的嘗試，發現與學生一起寫、探索自己的心理衛生狀態是蠻有效的方法，但這有自我揭露的風險，以及耗費大量時間的代價。

一走下講台，我其實就平凡如鄰家阿姨，卸下了教授的身份，卸下了知識包裝外衣，我真正的面貌是什麼？如果我也與許多人一樣，有著各式各樣的負面情緒，例如沮喪、不快樂、生氣、憤怒，也有陰暗的性情，不誠實、偽裝防衛、嫉妒、小心眼、心機深、甚至會攻擊人，我還有沒有資格繼續教授「心理衛生」這樣的課程？這些面貌的我都讓學生知道了，他們會怎樣評價我？會不會繼續尊我為師？也就是，我若要跟著學生寫反思作業，我務必得一點一滴面對真實的自己，我能看見自己多深？有能力揭露多少？我能承受被評價的風險嗎？多數人對於大學教授有些刻板的想像，我若不屬於這樣的角色形象，工作會不會受影響？

除了自我揭露的風險外，很多時候自己的心理狀態是渾沌不明的，光是去面對，進一步觀察理解就得花一些時間。研究自己是有難度的，然後要將這樣的狀況寫出來，更不容易。用文字表達感覺與思想，這與學畫畫應該差不多，無論是素描還是著色，都需要長久的練習，才能深入看見並畫出所見景象。我並非專業寫手，過去十幾年出版的書寫都是學術論文，論理不談感覺，不直接表達自己的價值。因此，要精確地寫出自己的情緒狀態，然後公開給正在上課的學生閱讀，困難又耗時耗力。原本的備課、熟讀上課指定的閱讀範圍、以及閱讀學生大量反思心得，已經是很重的負擔了，加上自己也要寫，時間是相當大的挑戰。

不過，即使有自我揭露的兩難與時間壓力，但這是一個新的教學嘗試，我的好奇與對這個教學效果的美好想像，驅動我展開全新的旅程與冒險，也燃起教學熱力。我每週期待上課，也覺得學生越來越開放真誠，主動熱絡分享與參與課堂討論。因為寫，對於心理衛生這個議題的探究，對於教學本身，以及我自己的內在探索，有一些意外的發現，這是很大的驚喜，我忽然很好奇，那學生的反應呢？學生對於老師一起寫作業的感覺是什麼？

要知道學生對於上課的喜好反應，通常從他們在課堂上的行為、表情、眼神大概就能略知一二。學生若真的對課程不滿，也可以在學期結束時，上網匿名填寫教學效果意見調查表。學生對教學有評量的權利，這是對大學教授某種程度的制衡，讓教授在教學過程，也要考量學生的想法與需求，同時約束老師上課的規範與倫理。我覺得學生握有適當的權力是好的。但是教授之所以能成為教授，必須有其高度與視野，不能因為擔心學生的教學評量而失去自主性，不能為了討好學生，以學生喜好為標的，而沒有了自己的教學理念與教育理想。

然而，要調整到師生兩方都覺得不勉強，都能享受教學與學習是挑戰，也不是容易的事，我一直在摸索之間的平衡點。我想做自己，有教學自主性，期待學生在大學能有所啟發與轉化，而非短暫的知識填鴨記憶，我害怕學生在我的課堂上毫無所獲，白白浪費一門課的時間與學費，但也不希望學生學習經驗很痛苦，對教室產生強烈抗拒，或者讓自己教得很痛苦，害怕走入教室。

陪學生寫心理衛生作業這幾學期，我覺得比較接近這個平衡點，特別喜歡上這門課，每次走進教室的腳步是輕快的，與學生之間的關係是親近的。編輯這幾年的書寫，與學生之間對話互動的畫面歷歷在前，那真是美好時光！可是，學生的感受會與我一樣嗎？他們怎麼評斷這門課？

以往學期結束之後，我有時會上網讀一下學生的教學效果意見調查結果，有時覺得課教得還順利，就沒想到這件事。我通常在期末最後一堂課，會邀請學生分享他們的學習心得與對課程的意見，從學生分享的內容與表情，大概就會知道學生是不是滿意這門課，因此經常忘記要上網查教學評量結果。此刻，我對教學評量的結果已經沒什麼印象，卻有點好奇，當我改變與學生之間的權力關係，跟他們一樣要寫作業時，學生給我的教學評量，與之前課程會有差別嗎？

學生意見調查分數提高了

我將過去十年間的教學評量結果全部複製下來，貼成一個檔案來比較。前後在暨大總共開了九學期的心理衛生課程，包括大學部六班與研究所三班。發現大學部六個班中，陪學生寫反思的這個班的教學評量分數是六個班中最高，平均四・四一，之前五個班分數是介於三・四一到四・一四之間（分數最高上限是五）。研究所三個班教學評量分數依開課時間順序分別為四・四七、四・九八、四・八，後面兩個班開始與學生一起寫上課反思，評量分數也比較高。我的研究所課程，教學評量分數通常比較高，師生關係比較親密，或許班級人數比大學少很多，或許我的年紀與研究生比較接近，也或許我上課的風格適合研究生，也可能有更多其他原因沒有仔細研究。

從數字上看起來，無論大學部或研究所，當我開始與學生一起寫上課反思，交換閱讀之後，學生對這門課的滿意度以及學習成效評量分數都提升了。當然，可能有其他因素（變項）影響，並非僅是陪學生寫課堂心得而才有這個結果，例如我的教學經驗更豐富了，個性因為年歲增長而磨掉了許多稜角，或者學生世代特色不同，課堂指定的閱讀文獻不同等等，這些都是影響因素。教學現場無法像在實驗室裡控制變項，很難推論因果關係。上述的統計數字或許不能完全證明這種教學方式的影響力。但是，在寒夜裡，花一兩小時從學校教務系統網站，將所有教學評量整合之後，發現了這個結果，我的心情其實是有些激動……。

除了匿名的教學效果評量結果提高之外，對我而言，最珍貴的是與學生之間的關係拉近，成為一起學習的夥伴，不是單向的教學關係，而且彼此都能以更真實的自我存在。在教室裡，每個人都是學生，也可能下一瞬間因為自己獨特的分享，就成為大家的老師，是主體也是客體，聽別人說道理分享知識，也同時將自己所知所見分享給大家。教與學是動態的，老師與學生是互為主體的關係，都可以在這個空間裡分享所有，調整自己的視野，我夢想的大學教育大約就是這樣。

我的上課記憶美好，學生在上課期間對課程的回應與感受，在我印象中，也是很歡喜，但詳細內容我已經記憶不全，無法為學生代言，而且也真的不好意思說什麼，球員總不好當裁判，我僅能從學生的作業中找線索了。也許有人會覺得學生的作業是不客觀的，因為擔心成績而會想討好老師，因此對於課程的感受大概只會分享正面的感覺，這也是有可能。

不過，我沒有企圖要很「客觀」、「科學」地評估教學成效。每個學生的人生歷程都如大海一樣，浩瀚深不見底，海納百川，我與他們的師生關係，互動的經驗，對他們而言，就像是一條細細的小溪匯入大海，微不足道。要具體去評估自己對學生的影響是什麼，這也太自大了。

我將存放在宿舍書房角落，一大疊已經蒙上一層灰塵的學生報告找出來重讀。這麼多年來，一直保存大部份學生的期末報告，因為這些心得能幫我回憶課堂上發生過的事，討論過的議題，我說過的話。但到現在為止，我一直沒有再去閱讀學生的報告，就像我一直沒回頭讀過去寫的日記一樣。忙碌的中年生活，要將往事翻起，幾乎是不可能，沒有時間，也沒有能量去承受。若不是有一年的教授研究休假，得以暫停學校教學行政工作，根本不可能回顧這門課，反思教學，反思自己，反思心理衛生的各種議題。

二〇一二年研究生的回應

我先從二〇一二年的研究所課程開始翻閱，我讀到學生對我與課程的肯定，雖歡喜，卻也有點不好意思，猶豫半天要不要公開。但另一方面，這可舉證說明與學生站在一個比較平權的位置，真誠揭露自己真實樣貌，表達自己與既有知識的互動關係，以及陪著學生寫課程心得反思，這樣的教育方式其實也不錯，所以還是決定厚臉皮地分享幾段。

有位研究生說，他在這堂課學會去關注什麼是人活在世上應有的本真時，包括溫柔、寬恕、尊重等，我其實有些驚訝。因為我完全沒有印象，我在上課中特別去提到這些名詞概念；也就是，我沒有特別在課堂上講述人應該要溫柔、寬恕、尊重等大道理，學生看到的、經驗到的課程氛圍與內容卻是這麼深奧的道理。所以我才說學生是大海，他們以自己的原有心量投射在這課程裡。這位學生說：

與汪老師度過的一個學期裡，它（大學教育）那張象徵著考試和統計的標籤漸漸遠離了，我漸漸開始學會去關注，什麼是人活在世上應有的本真。所謂執念，所謂溫柔，所謂寬恕，所謂尊重。

課堂裡因為老師有了一種別樣的活力，我喜歡看見您活在當下的享受和激情。您親自寫信給我們，分享您的感受和生命的追求，讓我感動不已。

每一個細節裡有您對待生活的態度，對求知的渴望。您有犀利的目光，每次覺得您的眼睛可以把每個人看到底。

我常對助人專業工作者說，**感動能產生讓人改變、轉化的魔術作用**，學生不是被動的接收容器，是期待與外界互動連結的主體，但怎樣的助人者才具有感動他人的力量，或者該怎麼訓練自己，才能產生這樣的力量，這是我持續在摸索研究的議題。我很謝謝學生讓我知道，**由衷與他們一起書寫，能產生共感的力量**。

另一位學生寫出了一個名詞「心靈上的自由」，也讓我很驚豔。我好像也不記得在上課中，曾經提過這個名詞。她寫道：

看見老師很有活力的上課、手足舞蹈的樣子、真誠的與我們面對面相處時，我總是被老師真實可愛的樣子吸引，打從心底的欣賞和喜歡。特別是老師寫給我們的那封信，我看了好幾次，每次都熱淚盈眶，我被老師想要好好活著的心情所感動，誰不想要好好生活著呢？

但我們要怎樣才算是活得好？這真的很難，但我想，如果有一天我覺得自己是活得自由（心靈上的自由），不任意被其他人的批評、評價所影響，能相信自己活著的價值，那麼，即便是被困在不喜歡的環境中，卻能清楚的知道自己心之所向，並專注地活在當下，感受當下的每一刻，這樣的「活著」就是最大的幸運了。

讀到學生肯定我的教學，喜歡我寫給他們的作業，很愉悅，而我也被他們的優美文字與深邃思想所吸引，他們也是我的老師。當年問我「如何成為今日我」的學生，在期末報告中最後寫說：

謝謝老師的分享，藉由您的生命歷程，觸發自己與真實的感覺更貼近，以及發現生命另一種美的姿態。

雖然我不是很理解她所謂的「生命另一種美的姿態」指的是什麼，但是因為我儘可能地呈現真實的自己，而觸發她與自己真實的感覺更接近，這是我所樂見的。我相信，生命的底層裡，我們所面臨的議題是相通的，我看見自己的程度，大約就是我能帶領同學探索自己的深度。最近我在臉書看見這位同學的狀態。她已經碩士畢業，也考上公職社工師，有了穩定的工作，但仍持續自費參與自我成長工作坊，在臉書上分享自己的領悟，我在她臉書私訊留言：「看到你認真過生活，很開心」，不久學生私訊回覆我說：

> 謝謝淑媛老師的回饋，雖然在前行的路上仍有許多矛盾、困惑、防衛、自我懷疑，甚至仍然不清楚自己的價值定位，但已經在勇敢的道路上。
>
> 在自己狀態不好時，仍然不時會拿老師之前在心理衛生的課程分享的「我如何成為今日的我」反覆閱讀，得到滋養與療癒。
>
> 有這麼一堂課，是可以一直帶在身上日後反覆使用與溫習的！謝謝老師當時的用心。

知道同學在課程結束四年後，仍然保留我給他們的信，我感動的是，能與學生的連結如此長久，尤其聽到她說，她反覆閱讀我之前為了回答她的問題而寫下的長信，覺得有這麼一堂課，「可以一直帶在身上」使用，這讓我覺得用幾十個小時書寫回答她的問題很超值。而且我非常感謝她，是她的提問引發我寫的念頭與動力，才有了寄給心理衛生修課同學的第一封信，由於剛開始，舉步維艱，因此這一班我也只能寫這一封，但有點長，有一萬多字，編輯此書時，拆解成第一篇至第三篇。

有一位研究生讀了我的信之後開始反思自己，她勇敢地面對自己，真誠地自我療癒，讓我更有勇氣在後續課程中繼續寫，她寫說：

老師給我們的一封信裡提到：「你們看到的我只是一個面向的我而已，不是全部的我，我無法一直保持此刻的狀態。」這不禁讓我開始正視在不同的空間，面對不同的人事物，我也會呈現不一樣面向的自我。

在家人面前，我會用堅強的外表包裝內心的脆弱，因為不希望看到家人為我擔憂；在陌生的環境中或面對權威者，我會表現出拘謹、謹言慎行、謹慎斟酌一顰一笑的一面，不敢表達自己真實的感受，深怕自己不得體的行為帶給別人不莊重的印象。

當我離開陌生環境或權威時，我會開始自虐地回想、檢視當時與人互動的一言一行，是否得體？與人對談時，用字遣詞是否合宜？直到挑出自己沒做好的行為時，我才得以鬆口氣，但隨之而來的就是不斷地自責與懊惱，想著該如何彌補或反轉他人對我可能存有的壞印象。

為了維持在別人面前的「好印象」，我必須不斷地壓迫自己，這個處處迎合別人的我，著實令我感到很陌生。

讀了同學這段書寫，雖然有點感傷，卻很佩服同學深入的自我觀察，而且相當有批判力，這個時刻的她，一定與自己很靠近。**無論我們必須穿多少角色外衣，只要我們能覺察接納被外衣包裝的內在自己，就不會太偏離核心的自己。**雖然學生已經離校多年，因為上述這段書寫比較私密，我透過學校教學系統選課學生資料，找到這位學生的電話與email帳號，將全文寄給這位研究生，徵求她同意讓我引用這段報告。我當天就收到學生回覆：

淑媛老師：

接到您的電話，腦中其實是空白的，因為腦袋瞬間翻不到四年前書寫的文字回憶。

但是，閱讀了第一篇「老師，你如何成為現在的你，一直充滿熱情活力」，以及一百二十六頁[5]到二〇一二年研究生的回應，讓我再度憶起過往上課的情景和四年前的我。

看著四年前自己的書寫，淚水突然奪眶，這是心疼的淚水，心疼著四年前的自己是如何壓迫自己戰戰兢兢地生活著。同時也是喜悅的淚水，因為您的課讓我開始知道應該找方法照顧疼愛自己。現在的我，過得坦然快樂。謝謝老師的帶領！

我好期待未來可以購買到這本有溫度的書。

讀完電子信，我很觸動而眼眶濕熱，更確信改變是可能的，與學生聯絡時，其實還不確定能否出版這本書，但是學生的回覆，讓我覺得我已經完成了屬於老師部份的期末報告，雖然是四年之後。

二〇一四年研究生的回應

我繼續讀下一班研究生的報告，這一班我正式在課堂上宣布要陪學生寫作業，寫很多篇。而同學也很能寫，尤其是學期間不具名的自由書寫，比之前課程的作業多好幾倍，同學覺得師生權力關係比較平等，更願意自我揭露分享，班級動力相當強。有學生說：「很羨慕老師能這麼誠實地面對自己的感覺。」我真沒想到，光是誠實地面對自己感覺，也會讓人羨慕。因為有時候會覺得我太善感了，一點都不可愛，反而羨慕起那些穩重如如不動，什麼都不需說的人。另一位同學寫說：

這堂課上課的氛圍與模式是我相當喜歡的，至少在課堂上與大家的相互學習是沒有被束縛的感覺，可以聽到別人最真實及豐富的分享，又可以提出自己任何的想法不用多加顧慮，終於確實感受到有一種在學術或思想的交流上，大家是平起平坐的感覺，沒有任何權威在這堂課裡頭。

好幾次到了下課，都久久無法停止在腦袋裡一直運作的想法，有時甚至會告訴自己：好，剩下的我一定要回去馬上寫下來，跟老師分享。當然，這堂課也是透過老師有特別設計的脈絡，讓課堂上的討論都會與重要的心理衛生議題有關，也讓大家每次討論都有明確的方向，不至於會越討論越混濁的感覺。

最終，這樣的過程也讓我們獲得了彼此之間珍貴的關係，不僅與老師，與同學彼此之間的互動關係也越來越好。我覺得這樣的過程，其實無意間也是帶給我們學生去透過

5 初稿頁碼。

自在的表達，來獲得相當的成就感。

化名香草的同學寫說：

站在學生的角度，有機會可以近距離地讀到教授的自我剖析，實為難得及感到安慰的一件事……，原來高知識份子門簾後的自己也有一般人有的「焦慮」與「擔心」，此時在他人的生命中找到了一個共同點。

淑媛老師在教學的過程中，竭盡所能的將其所思、所知、所感、所痛、所能用的一切，巧妙地穿插在每週的課程安排，成功地幫助學生們如何瞭解意會明白看似容易卻又艱深難懂的心理哲學思想與理論。老師用她真實人生的自己，邀請學生一起共舞，以「內觀敘事」、「自由書寫」的方法建構了「研究自己」的主題。

上課時候，我眼睛看著學生，看不見自己，說話時，耳朵好像也不太打開，不太能記得自己在說什麼，很感謝學生幫我記錄了一些上課樣貌與內容。

讀著讀著，我被一位化名小草的研究生的課堂心得書寫所吸引，他說他取名小草，就是不喜歡引人注意，他嚮往陽光、水、空氣、與大自然一同生活。我敬佩我的學生，他們很清楚平時作業是沒有分數的，寫多寫少，寫的內容如何，我都不給評價好或壞，優或劣，只會與學生對話，或回答問題。但是百分之九十的學生，都很努力寫，我讀得很累，但也讀得很歡喜，他們不是為分數而寫，而是為自己而寫。而且，到現在，大部份的化名，我都不知道他們真實的姓名。小草只因為課程名稱很吸引他，過去從沒修這樣的課就選修了，從不去思索過去的他，因為這堂課才重新審視自己、認識自己、傾聽自己。小草在第三週的心得寫說：

小草覺得這是一個新鮮的體驗，摸索、探索自己。果不其然，大部份同學都與小草心有戚戚焉，一種舒服、舒暢感油然而生。……小草從同學的分享中也發現自己書寫的問題，容易變成課堂記錄，常常跟著邏輯而非感覺走，或許是從小到大養成的寫作習慣，如果書寫方式太自由會讓人覺得隨便、漫不經心，而必須是有條不紊才能博得青睞，「我們總是投其所好，無法誠實面對自己」，小草這麼認為。

小草更努力往誠實之路邁進，第四堂課作業他寫說：

這堂課的小草心中有些忐忑不安，因為他未先預讀當天的講義，「傳科與治療：悲傷的規訓」，一看到主題，他就知道這是之前未曾讀過的內容，於是小草選取文章的幾個段落閱讀，果真不出他的所料，如同踏入未知領域，似懂非懂。……結果，光是前兩三頁內容，就已花費老師三個小時的課堂時間。……悲傷是疾病嗎？需要治療嗎？悲傷情緒或是疾病？小草心中抱持著疑問。

學生能坦誠沒有閱讀當天的文獻進度，也誠實告知似懂非懂，但仍努力去理解思考課堂內容，讓我在教學上，有比較多的同理與瞭解學生的認知狀態，覺得這是一個不錯的師生互動方式。又例如小草在第五、六堂的作業寫說：

這一堂課是老師與學生的對話，小草從老師的分享中感覺到一種奇妙氛圍，……每當老師一提到學生的匿名，就會有種莫名的驚喜油然而生，縱使小草知道老師說的並不是他，他還是覺得這種感覺有別以往，且在心中默默呢喃，什麼時候，小草的名字會從老師的口中說出呢？當下的小草會不會有任何反應？是深怕被人發現抑或與老師四目相對，還是躲避他人視線？倘若老師分享了小草的寫真，想必他的心中將又驚又喜，錯綜複雜，一種既期待又怕受傷害的感覺。

小草的內心分享，提醒我要認真閱讀學生的書寫，盡量公平地回應每個人。另一位化名小花的學生，也分享上課的焦慮。突然覺得好巧，同學的化名同時有花又有草，但我知道小草小花彼此並不知誰是誰，小花寫說：

> 每每要發言時，覺得緊張，愈快輪到自己時，愈覺得全身的血液往上衝，發言時總是在心裡想個數遍才說出口，但往往想講很多，說出口卻僅幾句話，意義雖相去不遠，小花還是會為自己可惜。

在口語表達上，我的障礙比較少，上課時，就很自然期待同學多問問題，多分享自己的想法，很難想像對有些同學而言，公開發言是這樣辛苦。當教室沉默時，總以為學生不夠投入課程，或者自己上課激不起同學的興趣，很少想到同學內心也是在掙扎中。小花焦慮發言，但她的文字生動流暢，讓我看見自己站在講台上的模樣，小花寫說：

看著台上的老師，小花好生羨慕，覺得老師神采奕奕、悠然自若，說起話來游刃有餘，總有讓小花提起筆在紙上刷刷地寫的語句。小花很開心地在記錄這一切，覺得老師自己跟自己好貼近。原來走兩步退一步，長久時間下來，不斷累積自我反思結果，就是能如此地自在。

我想，站在台上的我，是在台下準備很久的結果，是工作舞台，必須要在短暫有限的時間裡，對學生有所激盪，產生影響的後勁力，會比較神采奕奕。

這課尚未到期中時，班級動力已經相當強，同學幾乎比我早到，我總是遠遠就聽到同學大聲談笑，常常我進入教室，同學仍繼續聊，無視我的存在。有一回，我進入教室走到大黑板前的位置，我習慣用大黑板上課，即時記錄上課過程，慢慢將上課內容與重點串連起來，越來越少用投影機。我將手裡上課資料與背包放下，看無人抬頭看我，就走出上廁所，回來他們仍很熱烈地好像在討論什麼重要的事，讓我覺得不該打斷他們，就拿起桌上保溫杯喝水，讓自己看起來輕鬆無事般。水喝完了，他們還是沒停，就拿著保溫杯再出去茶水間裝滿水，第三度走進教室時，還是沒人理我。我終於忍不住發出聲音說：「要上課嘍！」他們才慢慢靜下來，將座位調整好面對我，準備上課。那一刻，我看見學生的臉，學生的眼，閃耀著金光，有點後悔自己沉不住氣出聲中斷他們的交流，以後教學若還有這種狀況，要再等久一點，好好欣賞。都過了兩年了，這些場景我其實已經不記得，是此刻讀起小花的作業才又憶起，她相當擅長觀察：

上課前，教室鬧哄哄的。

小花一個人坐在位子上，心裡想著，班上同學的能量真不是蓋的，難怪老師會說在遠處就可以聽到班上的談笑聲。小花正好沒有和其他同學聊天，於是，便開始觀察班上同學聊天的狀態，兩三個並肩而坐的同學即可成為一個小的聊天室。

在這個聊天室裡，時而大笑，時而討論，雖然同學們都身處在同個空間，但小花發現，這個空間頓時劃分了好多小空間，即使小空間與小空間之間沒有屏障，大家依然投入於自己的空間裡，旁人談論其他事情或大小笑聲，都絲毫不會影響自己所屬的空間運行。

小花覺得這場景實在有趣，如同身處一個奇幻的世界，第一次這樣看著大家坐在同個空間，卻做著渾然不同的事，卻又不彼此影響。

這是栩栩如生的教室現場觀察寫真，一群追尋者聚在一堂，拋出自己的疑惑、想法，不斷地對話，互相挑戰，互相澄清。一方面認識自己，一方面理解他人，因為相互的刺激與滋養，而讓彼此生命更扎實強壯。**大學教授的責任應該是打造讓師生能不斷成長的平台，創造空間，引入陽光水分，肥沃土壤，給新鮮的空氣，是關照整個學習環境的園丁**。我知道，每個園丁的價值與美感不太一樣，就像法國路易十四的巴黎郊外皇宮外面的庭院，大部份的樹都被修剪成各種不同的形狀，有的甚至像不同種類的動物，永遠長不高，也永遠沒有自己獨特的型。有人很喜歡這樣整齊有序的庭院，一切都在控制中，但我一點也不喜歡，站在那裡，我反而無法放鬆，為那些不斷被裁剪成不是自己樣子的樹木難過不已。

我對教科書的矛盾情結

二〇一五年的大學部心理衛生課程，我寫給學生的篇數更多了，而學生的書寫作業也不少，計有十五篇週誌與兩頁期末報告，一開始讀到同學們對上課用書的評論，我覺得很有趣，他們寫說：

※我覺得這門課最特別的就是用兩本「課外書」來上課。

※這兩本書非常能幫助我學習，當初會選擇這門課，就是因為這兩本誘人的課外書。

※《被討厭的勇氣》和《活出意義來》這兩本書讓我看到很多，比起用教科書來上課收穫更多，因為把學術性或是經驗套入在一個對話或是敘事的方式來傳達信息，對我更是容易去瞭解的。

二〇一四年十一月，上網買書時，意外發現剛出版的《被討厭的勇氣》，被書名吸引，也想瞭解作者如何詮釋阿德勒。讀完後，覺得蠻適合大學生閱讀，緊接下學期大學部的心理衛生課程，就將這本書列為參考書，學生有反應，提出了很多問題。這本書後來成為受歡迎的暢銷書，我周圍認識的人，幾乎都在討論這本書。作者說中了多數人怕被討厭的心態，而且作者的書寫方式活潑生動，以年輕人與哲學家的對話辯論呈現，好像自己內在小孩與智慧老人的角力。跟著他們的對話思考，很容易轉化低沉的心情，體驗到情緒的升起墜落就是一念之間。

然而，我開始發現有些讓人蠻討厭的人，公開發言或寫文章讚賞推薦這本書。例如有人為了凸顯自己比別人優越，以貶抑或扭曲，讓他人覺得自卑、無力、無能；也有人為了自己的利益，不惜犧牲他者的權益，剝削或壓迫他人，這些類型的人，真的讓人很討厭。但他們卻斷章取義地以這本書來合理化他們的自私與傷人行為，表示他們就是做自己，有「被討厭的勇氣」，我覺得這是扭曲，假借作者之名，繼續自欺欺人。

被討厭勇氣的主題在討論自己與他者之間的關係界線，警示將自己的存在依附放在他人身上的後果，強調將生命的主導權從他人手上收回，為自己的人生負起責任。但我認為，**如果沒有進一步體驗到自己的存在價值，自己的主體性，很難擺脫他者的糾纏，更難逃離內在被犧牲掉的孤魂野鬼附身**。至於如何發展自己的存在價值，培養自身的主體性，我推薦學生閱讀弗蘭克的著作《活出意義來》。弗蘭克創造意義治療學派，乃當今以歐文．亞隆（Irvin Yalom）為宗師的存在主義心理治療學派重要源頭。作者以在完全失去自由、隨時有生命危險的集中營生活經驗，提供了一個極端的成功實例，證明即使在這樣嚴格控制的空間，無能力反抗的環境氛圍，仍然可能有自主性的存在，仍然有人性的光。

雖然如我預測，大學生對《活出意義來》的喜愛與共鳴不如《被討厭的勇氣》，畢竟集中營的經驗太遙遠，也太悲傷，讀起來吃力，情緒負擔重。但我希望學生練習閱讀理論家的原著，養成讀第一手資料的習慣。**理論的原創者會重複闡述自己的核心價值**

與概念，敘述理論的緣起與發展背景，讀者可以直接感受到作者的情感、生命故事與思想脈絡，之後會很容易讀懂理論。此外，我大概還想鼓勵學生，讀書不僅是「獲取知識」，而是能向弗蘭克這個人學習，即使他已是古人，即使他是遠在幾千哩外的異鄉人，我們還是可以從閱讀他的書寫過程，感受到他的生命力，覺得他栩栩如生，就在眼前。這就是書的魔力，**讀書最有趣的，就是能感覺到住在很遠很遠地方的人，以及很久很久以前的人，在跟我們說話。**

只是，令我不解的是，明明是上課指定要閱讀的書，應該是「課內書」，但學生卻覺得這是「課外書」。我想，同學的意思應該是認為這兩本書與之前上課用的書不一樣。事實上，對我自己而言，這門課比較解放的部份是放棄使用傳統教科書，就是那種什麼議題都包括進來，以課名為書名的上課用書。有點像百科全書，每個主題都約略概論，幾乎就是在幫學生整理「重點」。這樣的「教科書」無可奈何地必須斷章取義，選取片片斷斷的知識綱要，或者集結很多研究的「結論」。看起來便宜又大碗的什錦麵，短期內好像學了很豐富多元的知識，每樣都有吃到一點很划算，外表看起來課程經濟效益高。教科書對老師而言也很省事，不用苦思這門課要上什麼，怎麼上，內容都確定了，甚至有些教科書附有PPT，以及考試題庫，方便用來檢驗學生，測出「公平」的分數。

整個教育界，無論西方或東方，幾乎都被教科書出版業控制了，學生沒有教科書，不知道怎樣讀書，老師沒有教科書，不知道怎樣教書，或者會害怕自己是不盡責的老師，沒有完整收納這領域的所有知識，傳遞給學生。但我覺得這類型的教科書，沒有溫度，沒有知識論述源起的脈絡，很少交代知識怎樣被發現或創造出來，會傷害學生邏輯思考推論能力，而且學生無法與這樣的教科書產生深度的連結與共鳴，卻又逼迫學生要熟記，這就是一種壓迫。**何況這種片段剪接的知識，不但很難令人感動，更是無法進入長期記憶，會傷害學生與讀書的關係，讓學生抗拒讀書，甚至終身厭惡害怕讀書。**

也許有人能享受讀這類型的教科書，或者能從這樣的書籍啟發思想與疑惑，但我真的不行。從大學、研究所、博士班、到大學教授，與教科書接觸的經驗，我實在已經無法繼續「讀」教科書，或者教「教科書」。我很難將教科書的知識放入記憶裡，也很難有閱讀的興致。我沒有要否定教科書的價值，但我想，既然類似百科全書，那就應該只當參考用，要用的時候才去查閱，而不是硬塞在腦海裡。讀教科書比較困擾我的是讀不到作者的思維、價值、態度與感受；看不到思想論辯過程，無法瞭解知識怎麼被推演出來的，讀起來不會興奮，不會感動。

我真的覺得教科書是培養學生閱讀興趣的殺手，是訓練學生獨立思考的障礙。教科書集結無數的學者研究結果，讀不到作者這個人，看不到作者的廬山真面目，只有所謂「客觀」冰冷的知識。更糟的是，這樣的客觀很可能更遠離「客觀」，**教科書裡蒐集的理論知識，經常已經是二手再二手再二手，無限制複製的二手資料**，已經非常稀薄，已經不是原來的樣子，好像一湯匙的原汁原味濃濃的牛肉湯加入一大鍋的水，教科書裡摘錄的理論知識其實已經與本來面貌大不相同了。

許多學生與老師相當信賴教科書，很少去挑戰內容的合理性、適用性，甚至將教科書內容當作真理，這很令人擔憂的。如果我們能夠看見作者比較真實的面貌，他的成長歷程與社會環境脈絡，對於他所發展出來理論概念，就不會覺得那麼「客觀」了，自然不會完全買單。還好，學生經常告訴我說：「一考完試，書本寫些什麼大都不記得了，都還給老師了。」學生為了考試，讀一兩遍教科書內容，很生硬地暫時儲放在短期記憶裡，考試一結束，當然就船過水無痕了。而我自己也差不多，要我回憶有印象、有感覺的書，能讓我廢寢忘食想讀完的書，真的沒有一本是知識拼湊型的教科書。

對於教科書的抗拒其實從大學就開始，我大學三年級時，有一位老師帶領我們讀社會學名著選讀。我還記得三十多年前，一句一句艱難地讀韋伯的《基督新教倫理與資本主義精神》的教室場景。這樣子讀書與之前讀教科書的滋味完全不同，而且至今，對韋伯這個學者在學術理論的掙扎反思與書本內容，都還有些印象。但這樣的老師，這樣的教學方式，很少見，而且當時也有不少同學對這種教學方式適應不良，難以接受，批評不斷。但對我而言，卻是最重要的學術啟蒙經驗，成為後來一直繼續讀書，進入學術研究的動力。

多年之後，我自己也成為大學教授，但是我不夠勇敢、不夠有自信地捨棄教科書，僅將這理念在選修課程裡實踐。不過，每學期都得為選哪些書，要讀多少本而頭痛不已，而且仍會焦慮，擔心自己有沒有讓學生少學了些什麼，總覺得若沒有讓學生讀很多書，「給出」很多東西，就覺得不安。但閱讀量太多，學生也無法負荷，要達到我與學生之間的平衡，並不容易。我的不勇敢，除了自己自信不夠，也有一部份是担心來自學生的抗拒與批評聲音。有的學生手上沒有一本教科書，上課沒有重點整理好的**PPT**，就覺得沒學到東西，會去向導師或系主任告狀，也會在教學評量上反應他們的不滿。創新教學本身就已經很累人，當遇到學生與同儕的反彈時就更累，也很容易受傷。

這幾年，隨著教學經驗累積，以及多了一點學術信心，比較能說得清楚我的教學方式以及教材選擇的源由。先與學生充分溝通，若不習慣這樣的上課方式，就請不要修，尊重彼此的學習方式，來自學生的抗拒與反彈就減少了。雖然大學法有保障教師教學自主，但就像做自己其實是相當不容易一樣，必須不斷與周圍人際關係折衝協調，才能生存，教學自主的實踐也是一樣，本身也必須不斷地與自己以及所屬學術社群溝通談判，自己更要不斷地用功精進，才能生存下去。

大學生的心得寫真

學生作業與報告，即使是重讀，也花了一大段時間，書寫也都慢下來了。許多學生沉默，上課不太發言，心得報告是瞭解他們想法感受的重要途徑。只是，有時候覺得沉重，會接收到很多學生的問題，情緒會被他們傳染，跟著他們一起難過或無力。由於我也跟著寫，我的文字表達或許與在課堂上的口語表達語氣與傳染力不太一樣，有學生覺得很稀奇，因為沒遇過其他老師這樣做，同學寫說：

※老師課後分享心得，我覺得對於我學習上是有幫助的，因為我會非常有興趣想瞭解老師是怎麼想的。

※很少機會可以看到授課老師對課堂上的內容發表想法，老師每週回饋的文章都將

學生的想法記錄下來，也提出自己在心理衛生這個領域的知識，讓我們每一週都有短篇故事可以看，更容易學習。

※這堂課真的和心理學有很大的不同，讓我看見老師教學的熱情和真性情，尤其是老師給我們的回饋的文章，真的沒有其他老師這樣做過。

這個班多數學生在大一的時候，修過我教的「心理學」必修課，對於必修課，我仍受限於課程內容的涵蓋性，好像只要上過普通心理學，就應該有一些基本的知識要懂，有很多考試，學生讀得很累。但多數同學到了大三大四，或已經畢業的同學，總有人告訴我，他們對那門課學些什麼沒什麼印象。我很用力地逼著學生讀與理解，但是結果總讓我挫折。心理衛生是選修課，讓我有揮灑的空間，我用了各種方法，包括從講台走下來，與學生一起坐在木地板上課，也不再考試。

比起寫給研究生的文稿，我發現寫給大學生閱讀時，我的情感揭露比較少，寫了比較多的道理，覺得自己有點嚴肅。除了大學部學生年紀較小，我考量他們的理解同理程度，也可能是大學部的班級人數比較多，班級大，要經營親密與信任關係，得花更多時間。這樣的書寫風格，同學自然而然將我的書寫，當成課程回饋的一部份，好像是我課堂教學的延伸，覺得我的書寫內容對他們有具體幫助：

※老師在回應我的提問時寫說：「真誠溝通並不是撕破臉，而是勇敢療癒已經受傷的關係。」這句話就像是強心劑一樣打在我身上，一直以來我總覺得要開口去談起過有的不愉快和爭執，很像是在翻舊帳，說不一定會讓關係惡化。

※除了上課彼此分享，老師在課後融合了人生與教學經驗，每週一篇的回饋也是惠我良多，一些上課來不及紀錄的，都藉由老師的筆記，讓我可以一一反思、沉澱、實行。我想這學期的心理衛生，就像在耕種心理的田，安定的種子慢慢地發芽，有的人長得慢，有的人長得快，我相信，大家都可以長出屬於自己的獨特性與活出自己的價值。

學生將課堂學習比喻耕田，種子不一樣長出來也不同，很傳神。比起研究所的課，我對大學生的報告多一點結構指引。課堂心得有三個簡單綱要：觀察上課狀態、閱讀或上課反思、以及提一個問題，而且不匿名，而期末報告也就三個問題申述，但研究所同學則是自己決定主題。有同學在期末報告提到週誌書寫對他們的幫助很大，學生寫說：

※我蠻喜歡打週誌的，打週誌的時候，一個人安安靜靜的跟自己對話，我覺得這種感覺很好，對我來說也是一種抒壓的方式。

※心理衛生應該是自己大學期間，修習過最多心得需要書寫的一堂課，而且寫的內容還是攸關自身內在的想法，沒有太多特定的技巧，也沒有太多固定的答案，要求的只是自身的觀察與思考。藉此，讓討論或閱讀可以透過每個禮拜的反思，進而有機會將新的想法落實到生活中。

以寫的方式思考問題或探索自己，是我生活的一部份，工作的一部份，也是快樂的泉源，我也會希望學生能學習寫的能力，培養寫的習慣，是與自己溝通，與別人溝通強而有力的工具。

我上課的風格，無論是研究所或大學部，無論是選修或必修，無論校內或校外，基本上都會激起一些課堂對話與討論。因為是心理衛生課程，大班會影響分享與揭露的深度，因此我留了一點時間，讓學生分組以小團體的方式討論，之後再回到大團體分享。同學對這樣的上課方式非常喜歡，他們寫說：

※這門課與老師的關係，就像是蘇格拉底與其弟子的關係一樣，採用辯證的方式進行課程。……課堂上的我們，在老師的帶領下，可以暢所欲言地把心中的困惑，拿出來和大家一起討論，讓大家一起來為你想辦法。

※記得有一次，同學分享了關於她心愛的寵物死亡的事件，有的同學給予支持，告訴她自己曾有過類似的經驗；有的同學和她分享想法，告訴她已經把握了與寵物相處的每一刻，在彼此的生命裡留下美好的記憶，這樣也就足夠了。把一個自己心理困擾的事情講出來，真的不是很容易。我很開心的是講出來之後，好像原本的難題也沒有那麼難，那過不去的關口好像有了度過的希望。

※課程的討論不僅侷限於自身，也有著社會議題的討論。此種結合個體、環境、社會的議題範疇，也讓自己更理解許多問題的產生，往往不只是單獨牽涉個人層面，還有外在結構層面的因素影響。

※針對這些議題的討論，最重要的是老師不會對每個人所分享想法或事件多做評價，並不會以課堂上的權威去否定或侷限我們的思考。取而代之，是以些許自我揭露的方式，去述說經驗以及看法。我想這不只讓我覺得有些想法有實踐的可能，更讓我能體會有些理想並非只是口頭說說，而能夠產生努力做出改變的力量。

※心理衛生是這三年來我認為最特別的課程之一，在這堂課我覺得師生關係非常平等，我們能和老師一樣坐在同一個空間裡、相同高度，大家有什麼問題都直接拿出來討論，能夠完全發表自己的想法，也不用擔心會說錯。課堂的討論，常常都很精彩，其實和自己想法相同的人真的很多，瞬間覺得被同理，這種感受是一般課堂不會有的。老師在課堂上充分尊重我們的發言自主，還有在談論同學週記內容前，都會詢問該同學是否能公開，真的讓我覺得很被尊重而且安心，不用害怕自己週記的內容在未被告知的情形下拿出來討論，讓我可以放心地寫自己想寫的東西，真的很開心！

學生的反應，讓我更確認「做中學」（learning by doing）的教學價值，這是我在讀教育心理學碩士班時，上必修課「學習理論」印象很深的教育方法，學習來自學生的親身參與，動手去做，主動在眾人面前表達，學生的學習效果最好。因此，面對著電腦一字一字打出自己的想法，在課堂中分享，接收到同學的反應之後，回家繼續反思、繼續寫，這樣的學習比讀我的書寫，聽我上課講還更扎實。**我的工作重點是創造安全、刺激有趣的學習環境空間，激發他們思考對話、閱讀與書寫，創造機會讓他們表達分享。**

小心穿越學生的抗拒與地雷

不過，有時候也會遇到對我的教學方式抗拒的學生，當我讀到學生的期末報告時，才知道我其實也在冒險，只要稍微大意，沒有好好尊重學生，就可能踩到學生的地雷。以下這位學生很生動地描述一學期學習心情的起伏與課程大致內容，很欣賞這位學生的批判性與自我反思能力，因為引用的段落比較長，內容也比較隱私，我也先寫信徵求了他的同意與確認，他回覆寫說：「老師，好的，我很樂意，不過我需要一些時間約三天左右可以給您，我需要回顧以及醞釀一下。」幾天後我收到他的電子檔期末報告：

一開始我是真的不喜歡這堂課的，總覺得需要把自己解剖開來給大家看自己內心的黑暗，是非常痛苦的。我覺得我自己的心理是顆黑暗的心，外面豎立著許多堅硬的荊棘，這是我的內在。而我的外在是非常理智、效用主義的（我覺得我是一個十分現實的人），因為我知道我有許多能力，他人也看重我這些外在表現，我覺得我只要好好把自己的生活安排好，一切就會好的。也因此我對於這堂課是厭惡的，為什麼我要學著看內心黑暗，不過我的理智告訴我，如果這樣放著不管（黑暗的心理），最終有一天我可能就承受不住了，所以我選擇留下來，上心理衛生的課。

前三到四週，老師曾經提到我的問題都不是很具體，當時我很氣憤，哪有不具體呢？我明明就說得清楚明白，甚至還舉了例子了，所以我下課時，有點受不了的跑去問老師，面對面的說明與提問。那個當下我才發現，原來我為什麼不敢說出那件真正的例子，是因為我害怕。我害怕在上課時被提出來，害怕被別人審視與瞧不起（只要有一點點的笑聲或是舉動，我都認為那是別人對我的不尊重），我才發現其實我是自卑的，那個內心的我，其實是膽小且不自信的。而後我回去沉思，才發現我的心理，其實一點都不健康。

之後的六到十週我漸漸覺察自己的內心世界，**就好像豎立在外的荊棘被我拔掉了一根，有光透的進去**，我才看得見內心的我是如何思考。我不再逃避去上這堂課，不再逃避去表達自己（即使有些是個人隱私，我還是寫在作業上，只是讓老師不在課堂上討論）。我覺得這是我很大的進步，我不再用外表那些光鮮亮麗去掩蓋我內心的黑暗，我學著去傾聽自己內在的想法。雖然我知道改變很難，而且不能以偏概全（case by case），learning by doing，練習去做，而不只是停下來想。

之後的課程我也從老師和同學那邊學到了許多，我真的必須去承認自己的不足，不能驕傲地認為自己就是最好的（因為我的外在表現蒙蔽了我的雙眼）。在我的小團體討論時，我察覺到我的不足，在讀書時，其實有很多不同的視角可以去閱讀。老師的讀書方法也讓我發現，閱讀這種需要思考的書不會很困難，只是需要找到訣竅。我思考的方向也不再是藉由讀這些書去改變自己（這就像是反思＝批評），實際上不是，讀書只是為了有不一樣的思考，就像是心流的產生、客體分離、矛盾治療等等，甚至是大到像是人生觀的見解：活著的意義。

之後的十一到十三週，很多時候我們就是在討論人生的意義到底是什麼？是要把握當下還是不要急著吃棉花糖，談到了自殺的議題。這個時候就讓我想到《被討厭的勇氣》，我們都是處在許多圈圈裡，小的是自己的舒適圈，大到社會或是宇宙，也因此存在著很多對自己來說不同的意義。當時與別人討論，不管是非對錯，我們可以暢所欲言，雖然別人不認同我的看法，不過至少我有「說的權利」，這也是我漸漸喜歡這堂課的原因，不批判別人，不批判自己，而是去覺察，去接納自己所有好與壞。雖然改變得很緩慢，但我確實真正看見自己的內心有道曙光的進入。

由於這門課開在社會工作系，我在期末報告作業問學生：「你覺得課程哪些內容可以幫助你未來從事社會工作？」這位學生答說：

我覺察到自己不是個專家，我自己的內心也同樣的黑暗。因為我自己經歷了這樣的歷程（學著接納自己黑暗的心），我可以去協助案主，至少發現自己是否對自己的內心築了一道牆，去學著去面對自己的那道牆，並且學著覺察與接納。雖然我知道這段過程很辛苦，不過我會用自己的生命去影響他們的生命（或許是自我揭露，或許借他看這兩本書）。至少會跟他討論，並且不直接批判他的觀點，尊重他有說的權利，讓他學習「反思≠批判」，並練習去改變。

我佩服學生反思的深度，也慶幸自己通過他的考驗。引用這些學生的報告，某種程度是很想告訴大家，學生的批判性思考能力很強，是銳利的觀察者，文筆與論述能力也很犀利，不可等閒視之。我有時懷疑，我比這些學生年長了三十多歲，我的智慧，我的心理衛生能力與他們的距離，有像年齡的差距這樣大嗎？

我的生命質變

與學生一起寫課程心得，對我而言相當有學術價值，這是教學現場的田野寫真，是教育的省思與實踐過程探究，**想要尋找一個更好的教育與學習方法，努力要更接近真相，努力解決問題，改善既有處境，這就是研究**（re-search）。不過，我並不鼓勵有正式且制式的研究計畫在後面窺視教學，由上對下要求「執行某種教學方式」，被監督、被預期要有成果產出。當老師與學生都突然成為被研究對象時，或是被動地去符合某種學習方法，這會讓師生失去主體性，教學氛圍與師生關係很容易變調，為了完成與符合「計畫」，師生彼此一不小心都成為「計畫」的工具，反而弄巧成拙。

寫是相當耗時的工作，我週末節慶幾乎不度假，很少遊山玩水，與朋友喝咖啡或聚餐，一有空檔就一直寫一直寫。有時忍不住自問，為什麼這樣做呢？動力從何而來？想想，真的很簡單，就是一種存在價值的選擇。**寫與研究本身就讓人好奇興奮**，覺得這樣做，對我與學生都比較好。因為寫，我的教學更愉快，而學生的學習成效好像也不差，這就是一種理性。除了讓教與學之間，變得比較有溫度吸引力之外，意外地，我自己好像也因此而產生了一些奇妙的變化。

整理書稿過程，我發現剛開始與研究生交換閱讀的自由書寫，對我有深遠影響，可能研究生的年紀與成熟度比較高，班級人數也少一些，我比較放鬆自在地揭露自己。經歷多次來回自我探索，許多的不確定感與情緒掙扎在寫的過程，逐漸蒸發掉了。等到後來與大學生一起書寫時，我的心境好像經過了一層的提煉，覺得比之前較平靜篤定。我看見越早期的書寫，感覺越複雜交錯、混濁。這樣的紊亂混沌、不甚體面的我被記錄下來，多少也有些忐忑不安，但也覺得珍貴，如果沒寫下來，我大概會選擇性地遺忘，忘記自己曾經那樣。本書最原始的初稿剛完成時，我寄給主修藝術的姪子汪冠廷試讀，他不客氣地指出我有一些段落有點像是張愛玲說的「肚臍眼文學」。他怕我不懂什麼叫做「肚臍眼文學」，就不辭麻煩地引述張愛玲的文字，註解說：

然而通篇「我我我」的身邊文學是要挨罵的，最近我在一本英文書上看到兩句話，借來罵那種對於自己過分感到興趣的作家，倒是非常切當：「他們花費一輩子的時間瞪眼看自己的肚臍，並且想法子尋找，可有其他的人也感到興趣的，叫人家也來瞪眼看。」

讀了張愛玲這段文字，覺得這樣的說法一方面犀利，提醒作者放大視野，但是一方面又覺得這些話很尖酸苛薄，貶抑對自己好奇、想探索自己的人。不過我還是受了影響，對自己信心不足，將初稿擱置了好幾個月之後，才有勇氣重新打開檔案，再次來回閱讀修改多遍，而且多次印出紙本閱讀，仔細檢視，我是不是那樣小心小眼，一直在瞪眼看自己的肚臍。結果發現，這個肚臍的比喻頗有力道，像是一把切生魚片的利刀，以此為參照來修剪文本，俐落不拖泥帶水，而這一修改就是一年多的時光，沒完沒了地修改。寫不公開的日記，一直瞪著自己的肚臍，當然沒人管你，但是一個老師在台上講課，或寫文章與人分享，若僅守在自己肚臍方寸之間，無關他人，學生必定早就睡著、蹺課，而寫出來的論文必然無法通過嚴苛的學術期刊檢驗。我必須誠實地說，這本書的每一篇都如同我之前寫的學術論文一樣，一段一段謹慎思考，慢慢磨出來的，絕對不是一氣呵成。

但另一方面，我會覺得肚臍眼的比喻有點不厚道，是因為我認為對自己好奇非常重要，不要因為他人的眼光而卻步。**研究自己，探索自己，反思自己，療癒自己，建構發展自己，這不是自戀，是對自己生命的責任，也是研究他者的基石。**從讀研究所至今，在學術界已經三十年，中年之後，無論我寫的是嚴謹的學術論文，還是寫他人的夢，或是與學生對話，陪學生寫作業，我都不願意將自己完全抽離。之前，也曾使用「研究者」或「筆者」這樣的主詞，好像只要隱藏自己，保護自己，就能讓自己保持冷靜客觀，增加學術權威，或者也曾為了讓論文能順利在最好的期刊發表而妥協，但我總是寫著寫著，就覺得眼前的文字與我之間越來越疏離，擔心日復一日以這樣的語調書寫，也會漸漸與自己疏離，我並不喜歡這樣的存在，因此，就越來越堅持公開自己的觀點。

事實上，我顧慮的不僅是不想與自己疏離，不想與所寫出來的文字疏離，我也考慮到讀者，我認為讀者應該認識作者的位置，作者的核心價值與感受，**瞭解知識生產的那個主體，才會有充分的資訊分析知識如何被建構，評斷知識的適用性**。我研究人的發展，從出生到死亡，從大腦到腳底，都是這領域研究的範圍，越是深入，越是覺得人非常神秘不可測。一個人就是宇宙的小縮影，每個器官，每個身體小小部份，甚至一個細胞，也是宇宙小縮影。人的深處是共通的，熟悉了自己的內在版圖，會比較精準透視他者，能同理尊重自己，也才能同理尊重他者。因此，千萬不要去輕忽對自己的好奇，肚臍看夠、看清楚了、看膩了，自然會繼續看他處，要耐心等待。而且一輩子就僅僅是看肚臍，也可能有所悟，因為小小一個肚臍，其實連結整個身體的感官。何況，每個人的肚臍結構相差不遠，看懂了自己肚臍的玄機，自然就能看懂千萬人肚臍的奧秘。

還好，我的姪子還算仁慈，有某種程度的細膩溫柔，不是那種老練世故，諷世嫉俗的藝術家，在肚臍比喻之後，他一定擔心我讀了他的評語會不舒服，所以之後自己又補充寫說：「但……其實看起來還挺順的，也許也沒什麼不好 XDDDDD。而且總要把自己的先寫一寫，把想破頭的先寫一寫。肚臍不肚臍是另外的事。」姪子是學藝術的，瞭解創作過程，就是需要將自己先寫一寫，才知自己是真是假，把想破頭的過程寫下，才能知道問題的究竟。

長長的書寫過程，多數時候是笨拙顛簸，東倒西歪。事實上，在讓他讀初稿前，我已經讀改多次，沒想到還是被姪子逮到尾巴，不過這也是我請他試讀的目的，自己看不清楚的，就請人幫忙。

事實上，台上講課的我，比文字裡的我，更嚴重地「我我我」。很急著要說自己，好像一個寂寞孤獨的人，很用力希望被人瞭解，被人接納認可，以為還沒說清楚，重複地說，但聽的人卻已經記牢，已經不耐。還好，有寫下來，才能看見自己的模樣。而且，也必須一讀再讀，直到聽夠了，才終於覺得有些事情可以不需再說，可以放了。能刪除一句贅言、看見自己某種程度的輕佻自大，融解一點自戀自卑，疏通一個混亂邏輯不通的思維，修改一個不誠實的態度，或發現一個道理時，這個時候，就覺得能這樣繼續寫，日子就這樣過，就是好好地存在了。

（全書完）

謝誌

回想這本書的創作歷程，要感謝的人不可計量。表面上我是作者，但這書的內容是來自屬不清的各種力量匯集而成。若不是父母家人庇蔭厚愛，無條件默默支持，不可能有今日的我；若無遇到各式各樣的人、古今中外作者留下的文字與各種創作、以及周圍社會自然環境的啟示，不可能有此刻的視野；沒有暨大社會政策與社會工作學系幾位教授們對教學自主的堅持，不可能大膽地依照自己方式上課；沒有學生們的真誠表達與對話，學藝術的姪子汪冠廷多次試讀，誠實評論，我也無法深入議題，看見自己；沒有熱愛寫作、意志堅定的先生，我可能不會養成每日清晨書寫的習慣；總是放鬆自在，如其我是的小狗嘟嘟，不斷提醒我什麼是好好存在。

而這一切若沒有啟示出版彭之琬總編輯的信任，沒有她厚實銳利的編輯功力與全心投入，這些書寫就沒機會與讀者見面，或許文稿也不是此刻的模樣；而沒有懷仁全人發展中心林守玫主任的引薦，我也沒有機會與之琬相識。當書接近完稿時，彭總編與我在咖啡店討論推薦人選，希望找不同背景領域的人，客觀地來審視這本書，推薦給讀者參考。名單列出之後，多半我並不熟識，有些猶豫懷疑，這可能嗎？而且，我為自己的攀緣沾光感到不安，因為這幾位推薦者在各自的專業領域有聲望，有自己的生命理念，都是相當有主體性的人。但從另一方面想，既然此書是匯聚整合眾人的思想與生命智慧而成，不應僅我一人受用，應該與更多人分享，但這需要足夠的亮光才能被看見。我還是鼓起勇氣邀請，結果沒有任何一人拒絕，這讓我覺得神奇又感動。

小野與鄭玉英老師是我敬重的前輩，他們都成名甚早，至今努力不懈，真誠一致，不忘初衷，我很年輕的時候就開始閱讀他們的書，是我心中的巨人，能獲得他們的肯定，覺得很夢幻，興奮多日。王增勇教授是我社工教育界同僚，多年來一直欣賞他的學術見解並勤於社會實踐的勇氣，經常將他的著作介紹給學生閱讀，他毫不考慮就答應幫忙寫推薦序，如此信任與慷慨，讓我感動又汗顏，我成人之美的行動力，遠遠落後此人。與陳文玲教授因為讀夢而結識十多年，她的書《多桑與紅玫瑰》對我有很深的啟發，特別是真實做自己的勇氣。詹宜璋教授是我系所同事與學生們非常仰望敬愛的老師，是我為人處事的指引，只要學校工作上遇到難題，就會去向他請教，從初稿的閱讀、校稿、到最後應允推薦，一路相陪。

周志建與蘇絢慧是新一代閃閃發光的作家與優秀的諮商心理師，我過去與他們僅有非常短暫的交會，卻毫不遲疑立即回覆應允推薦，我的確沾到光了，被他們的年輕活力與大器觸動，心都亮起來了。王派桓是我在紐約大學讀書的好友，攻讀心理學多年；但他批判主流心理學只有理沒有心，令他感到非常失望，終於揚長而去，投入 User Experience 研究。不知為何，當書完成要為它取名時，他的這些話就突然很清楚地在我腦海盤旋，原來，二十多年來，我從來沒有忘記他的話，我不想放棄西方心理學，但也小心翼翼，別把心給丟了，甚至更加倍努力去找心。這一刻，他願意為此書寫序，對我意義深遠。

該謝的人，該謝的各種因緣不勝列舉。此書有福報接收天地靈氣與眾人的促成祝福，即將誕生，就要以它特有的姿態獨自去旅行，去與人相逢，我覺得它已有足夠的能量，旅行到遙遠的地方，靜靜在角落裡，在黑暗處，放出一絲微光。

淑媛，二〇一八・五・二十四　清晨

國家圖書館出版品預行編目資料

好好存在：一位心理學家的療癒書寫 / 汪淑媛著. -- 初版. -- 臺北市：
啟示出版：家庭傳媒城邦分公司發行, 2018.06
面；　公分. --(Talent系列；43)

ISBN 978-986-95070-8-0 (平裝)

1.心理衛生　2.生活指導

172.9　　　107007646

Talent系列43

好好存在：一位心理學家的療癒書寫

作　　者／汪淑媛
總 編 輯／彭之琬
責任編輯／彭之琬

版　　權／吳亭儀
行銷業務／王　瑜、林秀津
總 經 理／彭之琬
發 行 人／何飛鵬
法律顧問／元禾法律事務所 王子文律師
出　　版／啟示出版
臺北市 104 民生東路二段 141 號 9 樓
電話：(02) 25007008　傳真：(02)25007759
E-mail:bwp.service@cite.com.tw
發　　行／英屬蓋曼群島商家庭傳媒股份有限公司城邦分公司
台北市中山區民生東路二段141號2樓
書虫客服服務專線：02-25007718；25007719
服務時間：週一至週五上午09:30-12:00；下午13:30-17:00
24小時傳真專線：02-25001990；25001991
劃撥帳號：19863813；戶名：書虫股份有限公司
讀者服務信箱：service@readingclub.com.tw
城邦讀書花園：www.cite.com.tw
香港發行所／城邦（香港）出版集團
香港灣仔駱克道193號東超商業中心1F　E-mail: hkcite@biznetvigator.com
電話：(852) 25086231　傳真：(852) 25789337
馬新發行所／城邦（馬新）出版集團【Cite (M) Sdn Bhd】
41, Jalan Radin Anum, Bandar Baru Sri Petaling, 57000 Kuala Lumpur, Malaysia.
電話：(603) 90578822　傳真：(603) 90576622
Email: cite@cite.com.my

封面設計／李東記
排　　版／極翔企業有限公司
印　　刷／韋懋實業有限公司

■ 2018 年 6 月 7 日初版
■ 2022 年 10 月 24 日初版 3 刷
定價 340 元

Printed in Taiwan

城邦讀書花園
www.cite.com.tw

 ISBN 978-986-95070-8-0